『菊池実践』で創る
令和時代の
コミュニケーション力
あふれる中学校

菊池省三／菊池道場

中村堂

はじめに

2015年（平成27年）3月に33年間務めた福岡県北九州市の公立小学校教員の職を辞し、まもなく6年が経とうとしています。

この6年の間、全国津々浦々の学校、教室にお伺いし、多くの先生や多くの子どもたちに会うことができました。

幼稚園、保育園、こども園にも伺いました。

自治体としてお呼びいただいた地域では、中学校にも多く伺いました。

高等学校の教室で授業もしました。

大学の教室で講義もしました。

社会人の方々と共に研修もしました。

昨年は、熊本の介護施設の研修にも参加いたしました。

子どもから高齢の方々まで、様々な方とお話しできるのも、私が「コミュニケーション」を教育の基本として考えているからです。この経験を経て、私は「大人も子どもも一緒でしょ」という考えに辿り着きました。

今回、全国で出会った多くの先生方の内、中学校で「菊池実践」の取り組みをしていただいている状況・内容について、地域、学校、各教科などの視点でその実践をまとめていただきました。

この本で原稿をご執筆いただいた14人の先生方を、掲載順に簡単に紹介させていただきます。

久保山崇先生は、岡山県浅口市教育委員会で、市としての菊池実践の取り組みを推進していただいています。奥様は、私の教え子です。

森園敬一先生は、大分県中津市での取り組みが始まったときに教育委員会でそのとりまとめをしていただきました。ご実家は神社です。

山本成利先生は、山梨県富士河口湖町に私がお伺いした際に、熱い情熱でいつも隣町から駆けつけてくださいました。

松田一郎先生は、7年前から続く兵庫県西脇市の取り組みを推進していただいています。北九州の道場にも足を運んでくださいました。

河内琢爾先生は、広島県で公立中学校の校長先生をされ、崩壊した学校を立て直す実践をされ、退職後は新採の先生の指導をされています。

河内伯子先生は、国語科の教科性を活かしながら、価値語に取り組まれ、言葉の教育を大切にされています。河内琢爾先生の奥様です。

小牟田ゆう先生は、若き社会科教師です。セミナーの場で積極的にご自身の実践を発表され、学びの向上心の高さにいつも驚かされます。

比嘉佑樹先生は、広島で行われた「第４回菊池道場全国大会」に沖縄から参加されました。素晴らしい成長ノートの取り組みをされています。

近藤史親先生は、三河支部の創設メンバーの一人です。いつも穏やかな表情をされていますが、実践、学びに対するこだわりは人一倍です。

肘井千佳先生は、元祖菊池道場のメンバーです。現在は校長先生になられましたが、当時の学びを大切にされていることを嬉しく思います。

鷲見俊介先生は、私立中学校における全校での「ほめ言葉のシャワー」の取り組みを進められています。海外での豊富な経験をお持ちです。

岩田慶子先生は、英語の授業を知識伝達型からコミュニケーション力を育成することを土台としたものへと大きな転換をされています。

加藤拓先生は、三河支部支部長です。小学校から中学校に異動され、苦労も多いとのことですが、全てを真っ直ぐに受け止められています。

長谷部浩一先生は、全国ディベート連盟に所属され、競技に偏らないディベート指導を中高生を対象に 25 年以上されています。

2012 年 7 月に発行した「一人ひとりが輝くほめ言葉のシャワー」（日本標準）の書名に、仲間と相談して、「小学校発」という言葉をつけました。私の考えるコミュニケーションを軸とした実践は、小学校から発信するものではあるけれど、必ず社会全体に役立つものだとの確信があったからです。そんな思いを込めて本の帯に、「『ほめる』が、『教室』を『学校』を、そして、『社会』を変える」と書きました。

この本をきっかけに、コミュニケーションの必要性が多くの人に伝わり、よりよい社会へとつながっていくことを願っています。

2020 年 12 月　菊池道場道場長　菊池省三

『菊池実践』で創る令和時代のコミュニケーション力あふれる中学校

○ もくじ ○

第1章

『菊池実践』で創る令和時代のコミュニケーション力あふれる中学校

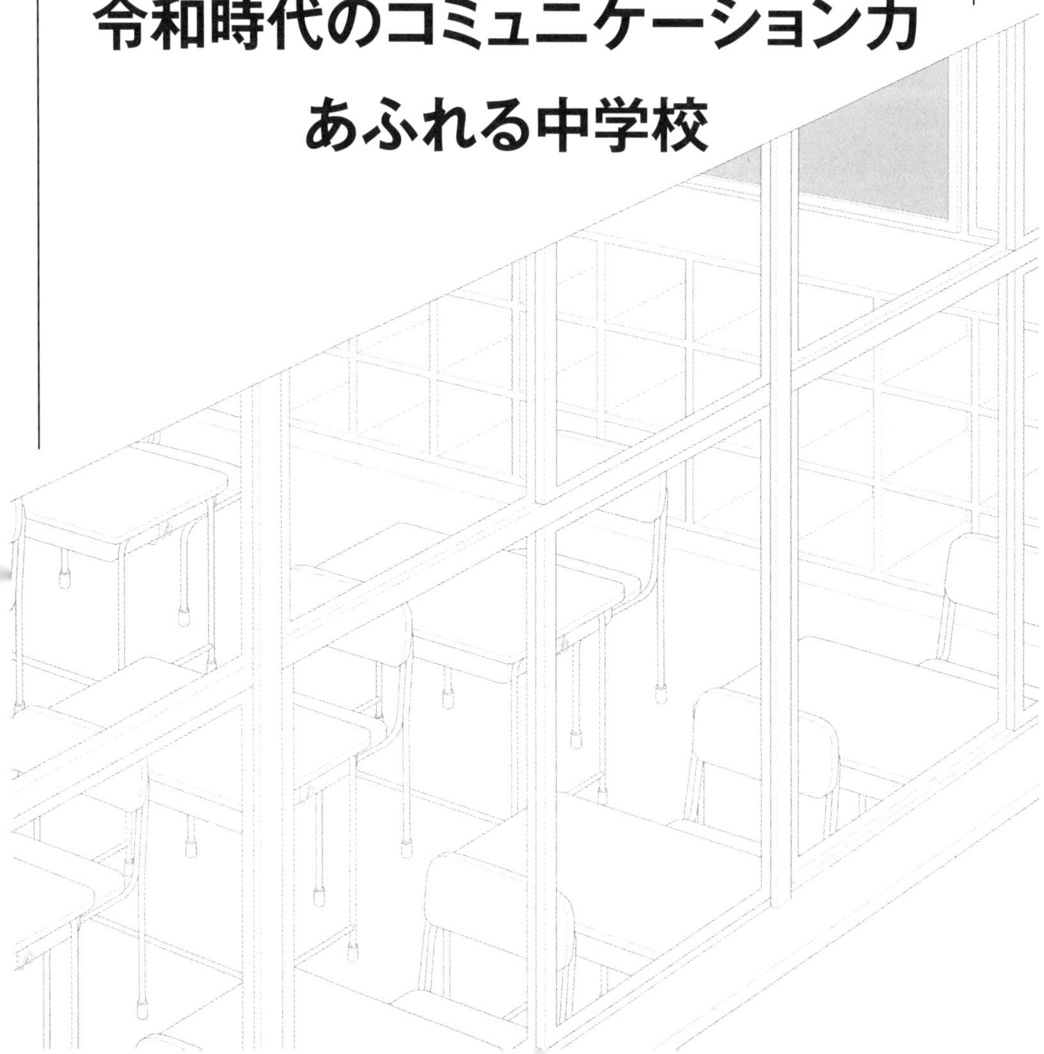

第１章

『菊池実践』で創る令和時代のコミュニケーション力あふれる中学校

菊池道場　道場長　菊池省三

1 中学校について思うこと

私が小学校の教員として現役だった時は、高学年を担当することが多かったので、年齢が近いということもあり、中学校にお伺いして授業ををすることになっても、そんなに大きな違いを感じることはありませんでした。結論から言えば、小学校と中学校も一緒だと思っています。

当然ですが、中学生の方が自我が育っていますから「こうありたい」という思いが強く、私がめざす成長の方向や在り方を十分に感じ、受け止めてくれます。

「書きましょう」と呼びかければ、中学生には何かしたいという強い気持ちがあって、どんどん書くことができます。そうした子どもたちを上手に方向づけることができれば、ダイナミックな授業をいくらでも創っていけるのではないかと思っています。その意味で、私は中学校での子どもたちとの授業は、とても楽しくさせていただいています。

とは言っても、当初、私の中には中学校についての憶測もありました。やはり、高校受験という大きな課題を中学校の先生方は抱えていらっしゃいますから、学力以外の何を育てていくかという視点が弱いのではないかと思っていたのです。

そして、やはり、教科を中心とした排他的な点数中心主義がまだまだ強く残っているな、というのが私が自分の目で見た率直な実感です。

「教科の本質」ということがよく言われます。中学校は教科担任制ですから、一人ひとりの先生にとってご自身が担任される授業の内容をよりよいものにしていこうと努力されることは当然です。ただ、その「本質」というものが「教師の説明」の中に閉じ込められ、「子どもたちの学び」の中から発せられたものを追究しようとする授業がほとんどないことを、私はとてももったいないことだと思うのです。

クラス担任の先生であれば、特別活動や総合的な学習の時間もあります。これらを効果的に使おうという発想が少ないのではないでしょうか。

・「挙手－指名－発表」のみからの脱却

・少人数の話し合いを大事にする（対話・話し合いの場面のある授業）

この２点を軸として、学級経営的な視点をもった授業への転換が何よりも大切です。今は、そこに向かって変わり始めた過渡期ではないかと思っています。部活動や生活指導を中心とした、管理統率型、対処療法的な硬直した教育の在り方の転換が今こそ求められているのです。

「受験は団体戦です」と言われた中学校の先生がいらっしゃいました。個々の努力が求められると思われがちな受験勉強を、共に励まし、切磋琢磨し合う中で、クラス全体で高まっていくことをこのように言われていたのです。こうした熱い思いをもたれた先生も、全国には沢山いらっしゃいます。管理職、教育委員会、教育長の方々が教育の芯をもっていらっしゃるかどうかが、学校や生徒の在り様をかなりの部分決めているように思います。このことは、小学校よりも中学校の方が如実に表れているように思います。

小中連携を目的とした学区での連絡会議などがもたれ、私もいろいろ経験しましたが、結局その会議は、それぞれの違いを理解し合う程度の内容でしかありませんでした。

教師が一人ひとりをほめながら、子ども同士の関係性を豊かにしていくことで、子どもの心を開いていくことが、教育の王道だと確信しているのです。「多感な年代だから」「思春期の難しい時だから」と、子どもたちがまとまらないことの言い訳を求めてはいけないと思うのです。

小学校以上に、中学校ではプラスのストロークで子どもをほめる機会が少ないのではないでしょうか？また、一斉指導型の授業が多いのではないでしょうか？子どもたちが立ったり座ったりする動きのある対話型の授業をつくりながら、ほめることを取り入れていただきたいのです。

2 言葉で人間を育てる－『菊池実践』の具体的取り組み

この本によって初めて『菊池実践』に触れられる方も少なくないと予想しますので、ここで、私が実践してきた具体的な内容を簡単に紹介します。

私が教室で実践してきたことを端的に言うとすれば、それは「言葉で人間を育てる」ということです。言葉にこだわって、言葉を大切にして、一人ひとりの子どもたちと向かい合ってきました。

多くの言葉を獲得して、書いたり話したりすることができるようになった子どもたちは、深い思考ができるようになります。思っていること、考えていることをより豊かに表現できるようになります。書くことによって、内面をふり返り、整理することができます。

そして、友達とよりよい人間関係を築いたり、お互いの成長を促し合ったりすることができるようになります。

私は、「言葉で人間を育てる」ということを、日常的になるべく簡単な方法で、継続性や発展性を重視して考え、いくつもの方法を創り出して実践してきました。具体的には、次のような取り組みをしてきました。

①価値語
②ほめ言葉のシャワー
③質問タイム
④成長ノート
⑤係活動
⑥ディベート
⑦対話・話し合い
⑧白い黒板
⑨コミュニケーションゲーム

言葉を大切にするということは、実感を吐露させるということにつながっていると思っています。安心できる人間関係がある教室の中で、自分の実感をそのままに発言し、友達の正直な思いを受け止めることによって、お互いに考え、お互いに成長していくのです。

「みんな仲良く」という価値観が、子ども同士を表面的な関係だけにとどめてしまっているのではないかと、私は考えています。子ども同士が、人と意見を区別して、本音で向き合える人間関係をつくることをめざしたいのです。

以降、私の代表的な実践の方法とねらいを紹介します。第2章以降の各地の先生方の記録の中にもこれらの実践が出てきますので、理解の一助としてください。それぞれについての詳しい紹介は、私がこれまでに書いた書籍にまとめていますのでそちらも参考にしてください。

●価値語

「価値語」は、私がつくった言葉です。子どもたちの考え方や行動をプラスに導く言葉を「価値語」と呼んでいます。

例えば、私の勤めた学校では、廊下の端にクラスみんなのぞうきんを掛ける場所がありました。そこに掛けられたぞうきんを、一人で黙々ときれいに掛け直している女の子がいました。私が近寄って行っても、ほとんど気にする様子もなく、手を休めません。私はその様子を写真に撮って、クラスの子どもたちに「一人が美しい」という言葉と共に紹介しました。

こうした価値ある言葉を子どもたちに積極的に教え、その量を増やすようにさせています。

以下は、平成 26 年度の 6 年 1 組で卒業間近の 3 月 16 日に「菊池学級価値語ベスト 10」として選んだものです。単純な順位ではなく、アンケート結果の上位を自主グループがまとめたものです。

一　一人も見捨てない

・自分を見くびらない　・34人の集団です　・寄り添い合う

二　SA

・SAのその先へ　・2：6：2　・自分のことも大好き

三　自己開示

・いい意味でバカになれ　・無邪気　・笑顔（スマイリー村上）

四　頭は白熱、心は冷静に

・白熱する教室　・潔さ　・一人が美しい

五　公に強くなれ

・無茶ぶりを楽しむ　・非日常　・セミナーへ

六　菊池学級

・6年1組は家族　・常に進化する　・希望

七　コミュニケーション力

・読む力をつけよ　・正対せよ　・話し合い力＝学級力

八　成長

・当たり前のことを当たり前に　・教室の3条件を満たし続ける

・仮面

九　美しい涙

・泣いて逃げない　・成長の象徴　・厳しさを乗り越え合う

十　リバウンドしない

・群れに流れない　・成長は無限大　・未来の自分を信じよう

子どもたちの中に、こうした「価値語」が増えていくと、日常の行為が変わってきます。何が正しいことなのか、どうすることがよいことなのかが具体的に分かってくるのでしょう。徳目的に抽象的な言葉を示すのではなく、日々の学校生活の事実と関係した、生きた言葉を示すことが大切です。公（おおやけ）の場での振る舞いが美しくなってきます。

その後、子どもたちは自主的に「価値語」を増やそうとし始めます。子どもたちの成長に必要な価値ある言葉を、シャワーのように与え、植林していくことの大切さを実感しています。
「ことばを育てることはこころを育てることである。人を育てることである。教育そのものである」（大村はま先生のことばから）

●ほめ言葉のシャワー

ほめ言葉のシャワーは、25 年ほど前に始めた私の実践で、現在は、北は北海道から南は九州・沖縄まで、日本全国に広がっています。また、小学校の教室から始まりましたが、今では、保育園・幼稚園、中学校や高等学校でも実践されています。この現状は、私にとって大きな喜びです。

ほめ言葉のシャワーは、「一人ひとりのよいところを見つけ合い、伝え合う活動」で、次のような手順で行います。

〈「ほめ言葉のシャワー」の具体的な手順〉
○年間 4 回（4 巡）程度行う
○毎日の帰りの会で行う
①毎回日めくりカレンダーを各自 1 枚ずつ描く
②その日のカレンダーを描いた子どもが教室の教壇に立つ
③残りの子どもと教師がその子のよいところを発表する
④発表は自由起立発表でシャワーのように行う
⑤全員の発表が終わったら前に出ていた子どもがお礼のスピーチを行う
⑥最後に教師がコメントを述べる

1 回で、1 人に対して 30 人がほめ言葉を発言し、全員がほめられるまで 1 巡すると 30 人に行うので、30 × 30 で 900 個になります。それを 1 年間で 4 回行えば、900 × 4 で 3,600 個となります。

放っておくと、子どもたちは「シネ、バカ、消えろ、むかつく、関係ない……」といった粗暴な言葉を教室の中で蔓延させてしまいます。そうしたマイナスの言葉ではない、相手を思いやる言葉を教室にあふれさせ

ることができるのです。

私は、「ほめ言葉のシャワーは誰でも簡単にできます。10分程度の時間で、大変高い効果が得られます。みなさんやってみましょう」と呼びかける一方、「ほめ言葉のシャワーを成功させられるかどうかは教師の教育観、授業観にかかっています。教師が、一方的に子どもに教えるのではなく、子ども同士がつながって学び合うような授業観をもっていないと成立しませんし、奥が深いのです」とも言っています。ちょっと矛盾するようなことを言っていると自分で思うこともあります。

ほめ言葉のシャワーは、学級経営に直接関わってきます。「教え込む授業」から「学び合いの授業」への転換が必要です。違いを認め合って学び合おうという授業観の象徴として、ほめ言葉のシャワーはあると思っているのです。ですから、方法は簡単ですが、先生自身の授業観、教育観、ひいては子ども観を変えていかなくてはならないものです。

ほめ言葉のシャワーが軌道に乗ってくると、子どもたちの様子が変わってきます。それは、授業にも大きな変化をもたらします。子ども同士の横の関係がよくなりますから、ペアやグループでの学習が活発に行われるようになります。

●質問タイム

「ほめ言葉のシャワー」を浴びるその日の主人公に、朝の会で、全員が質問をする活動です。一人ひとりがバラバラのことを質問するのではなく、最初の質問の答えに関連する質問を続けていくようにします。そうすることで、一つのことがらをどんどんと掘り下げていくことになりますから、その日の主人公のことを深く知ることができるようになります。

大人の社会でもそうですが、子どもたちも、同じクラスの友達のことをあまりよく知らないものです。場合によっては、クラスの中で、ずっと話をしないで終わってしまう子がクラスの中にいるという事態も起こってしまいかねません。

朝の質問タイムを毎日行うことによって、お互いのことを多面的に知ることができ、子ども同士全員の横の関係ができていきます。それによって、コミュニケーションの土台となる温かい人間関係が築かれていきます。

コミュニケーションの力の中では、質問する力が重要だとよく言われます。質問力は、会話力や対話力に欠かせないものだと言われます。適切な質問によって相手から情報を引き出し、場合によっては相手の気づいていなかった部分を気づかせることもできます。

また、質問される側も、質問をしてもらうことで、自分のことを知ろうとしてくれる人がいるということが分かり、話を聞いてもらえる存在だということに喜びを感じることができます。

１年間で４～５回の質問タイムをどの子も経験することになります。年間の見通しをもって、簡単な内容から始めて、少しずつ個人の内面に入っていくような質問へと高めていきます。

第１段階　質問を楽しむ

第２段階　好きなことを伝え合う

第３段階　その人らしさを引き出し合う

安定した温かいコミュニケーション力が、学級の中に広がっていくことでしょう。

●成長ノート

「成長ノート」は、「ほめ言葉のシャワー」と並ぶ、私にとっての二大実践と言えるもので、20年ほど前から取り組んでいます。

「ほめ言葉のシャワー」で、コミュニケーション力を育て、「成長ノート」では、書く力を育てることをめざしています。

「成長ノート」で行う書かせる指導が、私の作文指導の中心となってい

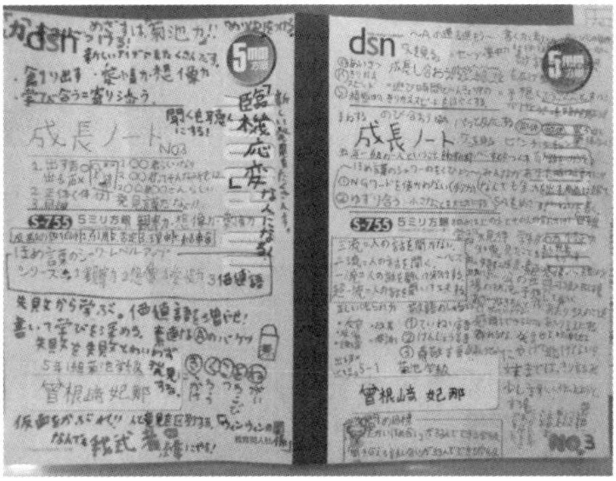

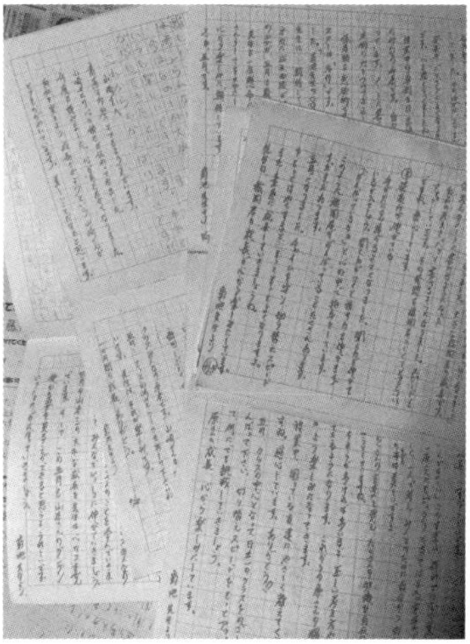

ます。生活綴り方教育（代表的なものに「やまびこ学校（無着成恭編　岩波文庫）」があります）や、単元学習における「生活からの学び」を中心とした指導、そして、その後の「言語技術」を中心とした指導など、私がまだ若かった時代から今日に至るまでずっと学び続ける中で、学んできたことを融合させた、私なりの作文指導がこの「成長ノート」なのです。

このノートは、一言で表すならば、「教師が全力で子どもを育てるためのノート」です。私が、クラスの子どもたちを社会に通用する人間に育てようという強い思いをもとに、私自身の信じる価値観を子どもに投げ続け、子どももそれに対して真剣に応えていくという、双方向のノートなのです。

私は、この成長ノートを核として、言葉の指導を行い、その指導を通して人間を育てようとしてきました。大袈裟だと思われる方もいらっしゃるかもしれませんが、「成長ノート」には、子どもを変え、成長させていく力があると確信しています。

子どもたちは、「成長ノート」に書くことを通して、新しい自分を発見します。そして、未来を信じ、より自分らしく生きていこうと変わっていくのです。

「書くことで子どもを成長させていく」という思いは、若い頃に子どもたちにたくさん作文を書かせていたことが原点になっています。その頃出会った生活綴り方教育や単元学習を通して育った子どもたちの姿が原点になっています。

具体的には、「成長ノート」は次のねらいをもって行います。

・教師が書かせるテーマを与える
・書くことに慣れさせる
・自分の成長を意識させる
・教師が子どもとつながる

１年間経つと、4～6冊ほどの成長ノートが手元に残ります。年間で150ほどのテーマを与えています。「成長」に必要なテーマを与えて書かせ、教師がそれに「励まし」のコメントを入れます。それを繰り返すことで成長を自覚させ、教師と子どもの関係を強いものにするのです。

１年間「成長ノート」に取り組み、書き続けた子どものうちの１人は、卒業前に次のようなことを書いていました。

成長ノートのおかげで、今までとは違った自分を見つけることができました。新しい自分です。昔の自分は、自分の中に何も中心となるものがありませんでした。

「成長ノート」は、子どもたちの「心の芯」を確実につくるものだと思っています。

●係活動

私は、学級づくりを進める中で「係活動」を大切にしてきました。

子どもたち一人ひとりが、自分の得意分野で活動できるように、係の内容については、自主性に任せていました。そこには自分らしさがあるからです。また、子どもたちを学級目標に近づかせるために、係活動を行っていたと言ってもよいと思います。

一般的には、生き物の世話をする係を「生き物係」とか、みんなで遊ぶ日と遊ぶ内容を決める「遊び係」など、定番の活動が多いのが実態ではないでしょうか。場合によっては、「給食当番」等の当番活動と係活動が混同されてしまっている場合もあります。

決められた活動では、子どもたちにとっては楽しくないものになってしまいます。

したがって、私は、係活動には相当な自由度を保障することが何よりも大切だと考えています。そして、一人ひとりの子どもが、自分の興味・関心に基づいて、それぞれが好きなことを「係」として活動することができるような教室にしようと心がけました。

それぞれが得意なことに力を発揮して、お互いに認め合って活動をしますから、活発に磨き合います。自分の得意分野のことをしていますから、磨き合いは加速します。子どもたちも、係活動の場で成長できることを実感し、係活動そのものの意味も深く理解していきます。得意分野ですからやる気をもって取り組みます。やる気に満ちていますから、責任をもって活動します。結果、創造性や工夫といったものが次々と出てきます。係活動のネーミングについては、一般的な「○○係」では創造性が弱いと考え、人の役に立ち、人を喜ばせるミッションを明確にするというねらいで「○○会社」という名前のつけ方を思いつき、スタートしました。子どもたちが憧れる、プロとか名人とか達人とかもイメージしています。

自分らしさを発揮できる教室の中で、一人ひとりの個性によって、独自の学級文化ができあがっていきます。活動が軌道に乗り始めると、休み時間などのちょっとした時間を使って、子どもたちが自主的に活動を始めます。

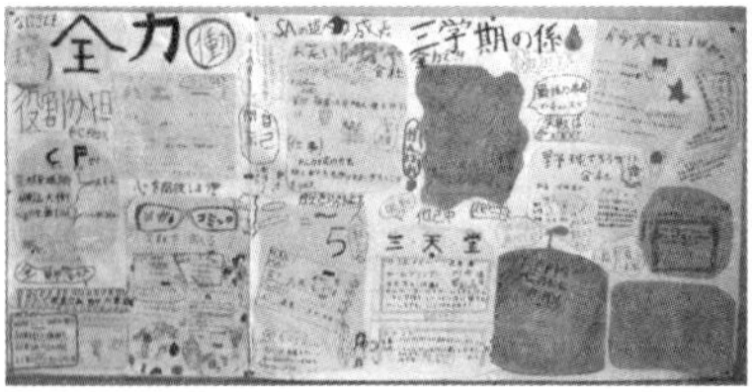

左ページ下の写真は、平成25年度に担任をしていた５年生の３学期の係活動のポスターと、ダンス係が主催したダンスバトルの様子です。ポスターには、「野球やろうぜ!!　会社」とか「メガネ・コミック」、「お笑いトリオ会社」といった名前の係のポスターが貼られています。ポスターの周りには、「自己開示」とか「他己中（自己中の反対語）」、「無邪気でいよう！」などの価値語も書かれています。自分の好きなことを、ただ面白いからやるというのではなく、自分らしさをもとにした活動によって、自分もクラスのみんなも一緒に成長していこうという気持ちが表れていると思います。

活動を始めたばかりの段階は、どの係もその内容が荒削りであることは当然です。活動していく中で、自分らしさについて考えたり、自分自身を開放したり、お互いに同じことを一緒に楽しんだりする中で、独りよがりな個人的な興味の段階から、クラス全体が楽しめるものへとグレードアップしていきます。

●ディベート

「ディベート」というと否定的なイメージをもたれる時代が長く続きました。私は、ディベートは、特別なものではなく、普段の話し合い活動や学級づくりに直結していると考えています。そうした思いから、私は「学級ディベート」を提案しています。

ディベートの基本的なルールを紹介します。

- 論題（話し合うテーマ）が決まっている
- 立場が２つ（肯定と否定、ＡとＢなど）に分かれる
- 自分の考えとディベートをする上での立場とは無関係である

・A 側立論→B 側質問→B 側立論→A 側質問→B 側反論→A 側反論→判定という流れで行われる
・立論・質問・反論できる時間は決まっている（教室では1分程度）
・勝敗がある

小学校でディベートを行う場合の論題は、「○○小学校にジュースの自動販売機を設置すべきである」というような、子どもたちが身近で興味をもてるものがよいでしょう。

ディベートは、「ルールのある話し合い」です。ルール自体はシンプルですが、言い始めた人が立証する責任をもち、機会と時間が平等に与えられ、根拠をもって判定が行われるというように、一人ひとりが立場を明確にして責任を果たすという基本的な精神が貫かれているのです。適当に不満だけを言っていればよかった子どもの日常の生活から一線を画した話し合いの世界が、ディベートにはあるのです。

したがって、ディベートで身につけた力を、日常の話し合いに活用していけば、よりよい話し合いができるようになります。そして、よりよい話し合いができるようになれば、お互いにコミュニケーションをとり合い、仲間と共に豊かな学校生活を送ることができるはずです。

また、一方通行の関係で教師から子どもに既存の知識を教えるという従来の授業スタイルとも一線を画し、子どもたち自身が、どちらがよいかという価値判断を競い合うという喜びや面白さがディベートの中にはあります。子どもたち同士の競い合いのある話し合いの中で、教えてもらったり、気づかせてもらったりするという、新しい学びの形です。

このことは、ある意味、学校現場の主流である授業観とは否応なくぶつかります。知識領域をきちんと教えるという授業観と、一つのテーマについての是非を考えるディベートでは、授業観が全く違うのです。

ディベートをする目的について、私は「責任を磨き合うこと」であり、「互いを認め合うこと」と考えています。

このように、教育観を転換するだけの力が、ディベートにはあると私は考えています。

●対話・話し合い

私の授業の最大の特徴は、「対話・話し合いのある授業」だということです。

授業の初めに、「今日は、話し合いをします」と言うと、子どもたちは「ヤッター」と、一斉に歓声を上げていました。白熱して話し合うことがとても好きでした。じっと座って先生の話を聞くのではなく、お互いが自分らしさを発揮し合える学びが楽しいのでしょう。

話し合いでは、答えが分裂するようなテーマを用意します。その中にも大きく分けて２種類のテーマがあります。

１つは、「サンタクロースは本当にいるか」とか「奈良の大仏はもっと小さくてもよかった」といった、「正解」のない、話し合ってお互いが納得し合うテーマです。「納得解」の話し合いと呼んでいます。

もう１つは、「筆者のいちばん言いたい段落はどこか」「主人公の気持ちががらりと変わったところは物語の中のどこか」といった「正解」のあるテーマです。「絶対解」の話し合いと呼んでいます。

どちらの話し合いも白熱します。「納得解」の話し合いの楽しさを体験すればするほど、「絶対解」の話し合いも白熱するようになってきます。

話し合いの授業のスタイルは、次の４つがあります。

①ペア学習

よりよい話し方や聞き方という対話の基本を指導し、実際に対話を体験させます。繰り返すことで、友達との人間関係もよりよいものになっていきます。

②グループ学習

グループで協力することのよさを体験します。協力することのよさを実感した子どもたちは、話し合いにきちんと参加し、すすんで自分の考えを表現しようとします。

③ディベート学習

前述した通りです。

④自由対話

考え続ける楽しさや素晴らしさを実感できるようにします。友達の様々な考えに触れることにより、よりよいものを考え続ける力が育っていきます。

白熱した話し合いを生み出すためには、次のような流れで話し合いをさせます。私の話し合いの授業の基本形です。

---

(1) テーマを理解させる
(2) 立場を決めさせる
(3) 理由を箇条書きで書かせる
(4) 同じ立場の者同士で話し合いをさせる
(5) 違う立場の者同士で話し合いをさせる
(6) ふり返りを行う

話し合うためには技術的なこともちろん必要ですが、友達との関係性がよくなっていくことが何よりも大切です。様々な機会で「ほめ合っている」「心が通じている」「相手の気持ちが想像できるようになっている」という土台があってこそ、安心して自分の意見を人前で堂々と言うことができるのです。

何のために話し合うのか、どのような話し合いが望ましいのかということを、体験を通して日常的に学んでいくのです。ただ意見を言えばよいのではありません。学級全員が一人残らず参加者となり、お互いのよさを引き出し合い、新しい考えや納得した意見を導き出し合うような話し合いが成立することが目標です。

ある子どもが話し合いについて書いた作文です。
「話し合いが好きになりました。自分らしさを発揮できるからです。教室の中で、そんなことができるとは思っていませんでした。クラスのみんなで考え、考え合う。そして、１人では考えつかなかった答えにたどり着く。『納得解』です。その瞬間が特に好きです」

●白い黒板

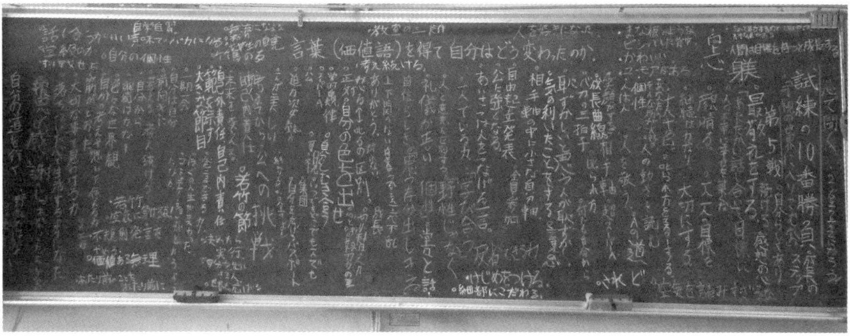

この写真は、「白い黒板」と呼んでいるものです。黒板が白く見えるほどに文字がびっしりと書かれています。

私は、学習をふり返り、まとめをするときに「白い黒板」の取り組みをします。黒板の中央にテーマを書き、それについて子どもたち全員が、自分の考えを黒板に書いていきます。クラス全員の子どもが、平均して１人３～４個の考えを書きますので、意見が100個以上も書かれ、白いチョークの文字で、黒板が真っ白になります。

黒板に書かれたことをもとに、新たな目的や目標をつくり上げていきます。白い黒板を書いたあと、全員の意見を聞いたり、見たりして、新たな自分の考えをノートに書き出させ、教師がコメントを書きます。こうした取り組みによって、「公」を意識した子どもが育ち、教師と子どもをつなぐ手立てにもなっていきます。「白い黒板」の具体的な取り組みの手順と効果は、次の通りです。

【手順】

(1) 課題に対しての考えをノートなどに書かせ、ペアやグループで話し合いを行う

(2) その考えを列ごとや班ごとに黒板に書かせる

(3)「白い黒板」を見て、思ったこと、考えたこと、これからどうしたいかなどの視点を与え、ノートに書かせる

(4) ノートを集め、教師がコメントを書く

【効果】

(1) 1つのテーマについて、みんなで考えることの価値に気づく

(2) 一人ひとりの考えを大切にする

(3) 話し合いは、1＋1＝2の効果だけではなく3にも4にもなる、ということを実感する

(4) 他人の意見を素直に受け入れて、伸びようとする子どもが育つ

(5) 自分の考えをきちんともった子どもが育つ

(6) ノートの活用によって、教師と子どもをつなぐことができる

黒板が真っ白くなるまで、多くの考えを書くことができるのは、日常を大切にしている子どもと教師がいるからです。

「白い黒板」では、学級全員の考えを視覚的に表現し、確認することができるので、一部の子どもの発表で終わってしまうということがなくなり、一人ひとりの考えを無駄にすることがありません。

「白い黒板」ができあがると、子どもたちは達成感を感じます。全員の意見が1つになってできあがった黒板は、子どもたちにはとても嬉しいものです。「白い黒板」は、子どもたちが全員で創る学級の象徴です。また、黒板を「教える側の教師」から「学びの主体者である子どもたち」に開放することでもあります。

「白い黒板」は、私の教育観が形となったものの1つです。

●コミュニケーションゲーム

コミュニケーションの指導を、「ゲーム」という手法を用いて行うこともあります。

コミュニケーションの指導は、これまでも、教科書のある単元だけで行われたり、取り立て指導のトレーニングとして行われたりしてきました。しかしながら、それらは単発であったり、知識や技術を教えるだけであったりしたため、子どもたちや学級が変わるという成果にまでは到達していなかったように思います。

コミュニケーション力を身につけるということは、人間関係をよりよいものにして、他者と考え合う中で、お互いが成長し合う生活をめざそうという人間に成長することです。

従来型の「一斉指導」では、子どもたちへの指導がうまくいかない理由として、次の３点が考えられます。

１つめは、「楽しさ」がないことです。今の子どもたちは、「教え込む」指導が延々と続くことを喜びません。また、機械的なトレーニングも、自分の成長につながる新しい発見や気づきがないため、長続きしません。「楽しい」という要素を重視したゲームを子どもたちは好んで、積極的に取り組みます。

２つめは、評価基準があいまいだということです。コミュニケーションは、伝えたい内容だけでなく、声の調子や、顔の表情、身ぶり手ぶりの非言語がとても大きな要素です。しかし、その部分をどのように評価するかという基準が今までは不十分でした。評価基準があいまいでは、子どもたちのコミュニケーションのレベルアップは望めません。

３つめは、繰り返し行える活動ではなかったことです。体験を通してコミュニケーションの力は伸びていきます。読解を中心とした従来の指導や、形式的かつ単純な練習だけでは、現実の生活の場で生きてはたらくコミュニケーションの力は育たないのです。

ゲームには子どもが喜ぶ「楽しさ」があります。これは重要な前提となります。

また、ゲームは、勝ち負けのある遊びです。勝ち負けという判定があるということは、子どもたちが自分の頭で真剣に考える活動の場をつくり出していくということになります。

さらに、ゲームは、自分の頭で真剣に考える活動の場をつくり出すために、発展的にルールやそのやり方を工夫するということが可能な活動でもあります。

日常生活の中では見聞きする機会が少なかったり、経験できにくかったりすることを、ゲームの中で体験することによって、知識や技能を自主的に発見し、身につけていくことができると思います。

これらのコミュニケーションゲームを通して、知識や技術を身につけるだけではなく、自分から人に関わろうとする力、実際の生活の中での出来事や問題に対応する力や考える力を、子どもたちが自分の力で身につけていくことができるでしょう。つまり、他者と互いを大切にし合う力を育てることができると考えています。

右ページに、コミュニケーションゲームの１つの例を紹介します。これは、「『話し合い力』を育てる　コミュニケーションゲーム62」（中村堂）からの転載です。

私は、一人ひとりの子どもが豊かなコミュニケーション力を身につけ、互いに高め合う学級づくりをめざして、このような様々な取り組みを開発してきました。これらは、独立したものではなく、お互いが関係し合って豊かな人間関係を築いていくのです。

※第１章２は、「挑む　私が問うこれからの教育観」（中村堂／2015年）の内容の一部を加筆・変更して再構成しました。

論理　独話　高学年

46 トップセールスマンを目指せ

育てたい力
説得力

■ねらい

　みんなが知っているものをスピーチでおすすめするゲームです。いろいろなものをみんなに買ってもらえるように説明できるかを競います。分かりやすい言葉で、効果的な表現ができる力をつけることを目指します。次の力を育てます。

①いろいろなものの特徴を観察する力
②①の内容をまとめる力
③まとめた内容を「おすすめポイント」として整理する力
④分かりやすく発表する力

■やり方

●人数　各班4～5人　班対抗
●時間　1ゲーム20分
　おすすめポイントを考える…3分
　班の意見をまとめる…10分
　班ごとに発表　各班…1分
●準備　セールスするものを決める(すべての班が同じものをセールスする)
　ワークシートを用意する

①おすすめポイントを説明する。
②班ごとに発表する。
③いちばんグッときた発表を選ぶ。

【ワークシートの例】

(　　　　　　　　)をセールスします。

おすすめポイント①

理由

おすすめポイント②

理由

おすすめポイント③

理由

■指導のポイント

　どんな特徴があるか、セールスするものをよく観察すると、おすすめのポイントが分かってきます。

①おすすめポイントを説明する。
　各自セールスするもののおすすめポイントと理由を考えます。班内で発表して話し合い、ワークシートをまとめます。
②班ごとに発表する。
　セールスするものが近くにあれば、手に取って見せる工夫をします。
③いちばんグッときた発表を選ぶ。
　各班の発表を聞き、いちばん欲しくなったもの(おいしそう、便利そうなど)を挙手で選び、たたえ合います。

■合格ラインのモデル

うわばきをセールスします。
おすすめポイント①　洗いやすい布でできている！
理由　よごしたって洗濯がかんたん！もうお母さんにおこられないぞ！
おすすめポイント②　ゴムバンドでぬぎはきしやすい！
理由　ちょっと太めの足でも、ソフトなゴムがやさしく包んでくれる。
おすすめポイント③　色がオシャレ！
理由　つま先の色は好きなものを選べます。カラフルでオシャレ！
セールスするもののキャッチフレーズ　このうわばきがあなたを幸せにします！

■ジャッジ

①欲しい！と思わせたか。
②アピールするポイントを見つけられたか。
③分かりやすくグッとくる言葉で説明できたか。
④ナンバリング、ラベリングではっきり伝えられたか。

■応用・発展

　セールスするものは身近なものがよいでしょう。教室にあるものやだれもが知っている商品、とくに食べものはとても盛り上がります。
　セールスするもののダメな点(デメリット)を取り上げ、「だけどもっとすごいことがある！」というように、よい点を説明するのもよいでしょう。たとえば「デザインは1種類しかないけれど、色は選べる！」など高度なワザですが、効果的です。
　ここで身につけた力を応用して、次のようなゲームに発展させることができます。

・ブックトークゲーム　－　おすすめの本を紹介する。
・おすすめの場所ゲーム　－　自分たちの校区内のおすすめの場所を紹介する。
・未来の職業ゲーム　－　自分がなりたい職業を理由をつけて説明する。

3 私が考える「授業観」

これまで紹介した具体的な実践内容がどのように関係し合っているかということ、そして、それによってどんな人間を育てようとしているのかということを説明するために、私はこれまで「菊池省三が考える『授業観』試案①～⑥」を、菊池道場機関誌「白熱する教室」（中村堂）で発表してきました。

それらをここで簡単に解説と共に紹介し、私の考える「授業観」を知っていただきたいと思います。

「菊池省三が考える『授業観』試案①」

「授業観」を「Ⓐ目的」「Ⓑ技術」「Ⓒ土台」の３つの柱で構成しています。教師と子どもが創る自信と安心感のある学級を創るⒸ「学級土台」。自立・自律・共同がキーワードです。具体的な取り組みとして、ほめ言葉のシャワー・質問タイム・係活動・価値語などを行います。子ども同士の横の人間関係をつくりながら、自分らしさを発揮しつつ人と協力できる個を育てようとしています。

Ⓑ「教師の指導力量」は、教師の「色」が出てくるところです。私は、ディベートの価値を高く評価していますから、ディベート的な話し合いを重視する指導技術を教える授業が中心になります。ここの部分が子どもたちに丸投げの状態になっているのではないかと危惧しています。

そして、考え続ける人間を育て、豊かで確かな対話力を身につけることを目的とした「話し合い・対話学習」。Ⓒの土台を大切にしながら、Ⓑの技術を生かしながら行う授業です。

基本形は、「個人で考えを書く→グループで話し合う→全体で話し合う」です。そして、私が重視しているのは、自分の頭と言葉を使って、個人で考え続けるということです。他者と話し合う・対話をするということは、自分の中に新しい気づきや発見があることであり、正解のないそれらを個人の中で考え続けることであると私は考えています。

教室の中の多様な子どもたちを「整えよう」とするのではなく、それぞれの違いを生かす授業、「調える」授業へと転換していきたいのです。

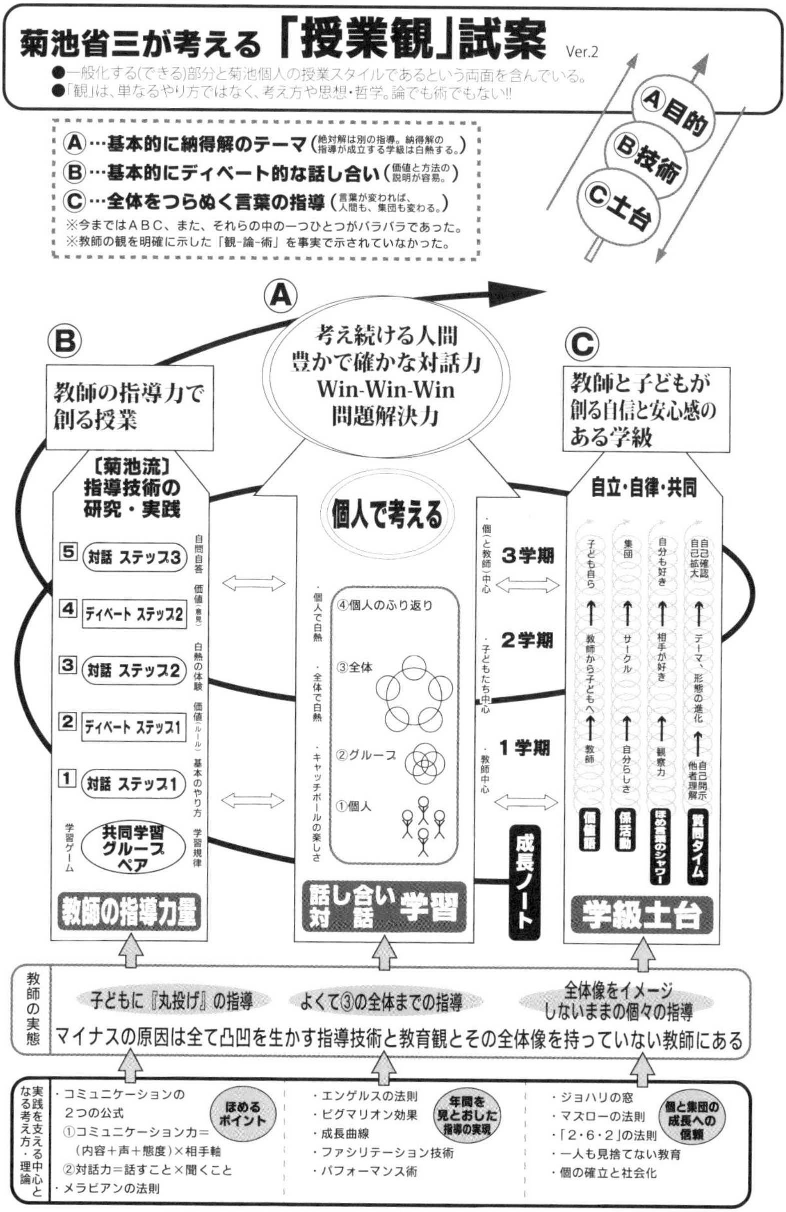

菊池省三が考える「授業観」試案 Ver.2
●一般化する(できる)部分と菊池個人の授業スタイルであるという両面を含んでいる。
●「観」は、単なるやり方ではなく、考え方や思想・哲学。論でも術でもない!!
Ⓐ…基本的に納得解のテーマ（絶対解は別の指導。納得解の指導が成立する学級は白熱する。）
Ⓑ…基本的にディベート的な話し合い（価値と方法の説明が容易。）
Ⓒ…全体をつらぬく言葉の指導（言葉が変われば、人間も、集団も変わる。）
※今まではＡＢＣ、また、それらの中の一つひとつがバラバラであった。
※教師の観を明確に示した「観−論−術」を事実で示されていなかった。
Ⓐ目的
Ⓑ技術
Ⓒ土台
Ⓐ
考え続ける人間
豊かで確かな対話力
Win-Win-Win
問題解決力
Ⓑ
教師の指導力で創る授業
Ⓒ
教師と子どもが創る自信と安心感のある学級
〔菊池流〕指導技術の研究・実践
5 対話 ステップ3
4 ディベート ステップ2
3 対話 ステップ2
2 ディベート ステップ1
1 対話 ステップ1
自問自答
価値（意見）
白熱の体験
価値（ルール）
基本のやり方
学習規律
学習ゲーム
共同学習 グループ ペア
教師の指導力量
個人で考える
・個人で白熱
・全体で白熱
・キャッチボールの楽しさ
④個人のふり返り
③全体
②グループ
①個人
話し合い 対話 学習
・個（と教師）中心
・子どもたち中心
・教師中心
3学期
2学期
1学期
成長ノート
自立・自律・共同
教師 → 教師から子どもへ → 子ども自ら
自分らしさ → サークル → 集団
観察力 → 相手が好き → 自分も好き
自己開示 他者理解 → テーマ、形態の進化 → 自己確認 自己拡大
価値語
係活動
ほめ言葉のシャワー
質問タイム
学級土台
教師の実態
子どもに『丸投げ』の指導
よくて③の全体までの指導
全体像をイメージしないままの個々の指導
マイナスの原因は全て凸凹を生かす指導技術と教育観とその全体像を持っていない教師にある
実践を支える中心となる考え方・理論と
・コミュニケーションの２つの公式
①コミュニケーション力＝（内容＋声＋態度）×相手軸
②対話力＝話すこと×聞くこと
・メラビアンの法則
ほめるポイント
・エンゲルスの法則
・ピグマリオン効果
・成長曲線
・ファシリテーション技術
・パフォーマンス術
年間を見とおした指導の実現
・ジョハリの窓
・マズローの法則
・「2・6・2」の法則
・一人も見捨てない教育
・個の確立と社会化
個と集団の成長への信頼

「菊池省三が考える『授業観』試案②」

試案②は、アクティブ・ラーナーを育てるために、1年間という「期間」にポイントを置いて「主体的・対話的で深い学び」の実現をめざした「授業観」です。

8つの日々の取り組みと3つの1年間の取り組みを示しました。

【1日の取り組み】

(1) 質問タイム　(2) 黒板の5分の1　(3) 白い黒板
(4) 対話・話し合い　(5) ディベート　(6) 学力の基礎・基本
(7) 特別活動　(8) ほめ言葉のシャワー

【1年間の取り組み】

(1) 価値語指導　(2) 成長ノート　(3) 成長年表

そして、学級づくり、授業づくりの4つの視点をもって、1年間の指導を行います。

1．年度初めから、「子どもは絶対に成長する」と信じ、教師としての覚悟をもつ
2．どういう学級にするか、はっきりとしたゴール像をもつ
3．1年間の見通しをもって指導する
4．指導は、子どもたちの様子を見ながら柔軟に修正し、改良していく

さらに、「成長の授業」のポイントとして、次の3つのことを強く意識します。

1　全教科・全領域の指導の中で、みんなと対話・議論をする経験
2．主に総合的な学習の時間を柱に、誰かに何かを提案する経験
3．主に係活動を中心とした特別活動の領域で、みんなを巻き込んで活動する経験

1年間の学級集団の高まりを判断しながら、この3つの経験を子どもたちに豊かにさせていきます。

こうした学びは、従来の一斉指導の授業観に立った授業とは違い、アクティブ・ラーナーを育てるこれからの時代に必要な授業観に基づいたものであると考えています。

菊池省三が考える「授業観」試案② ver.1

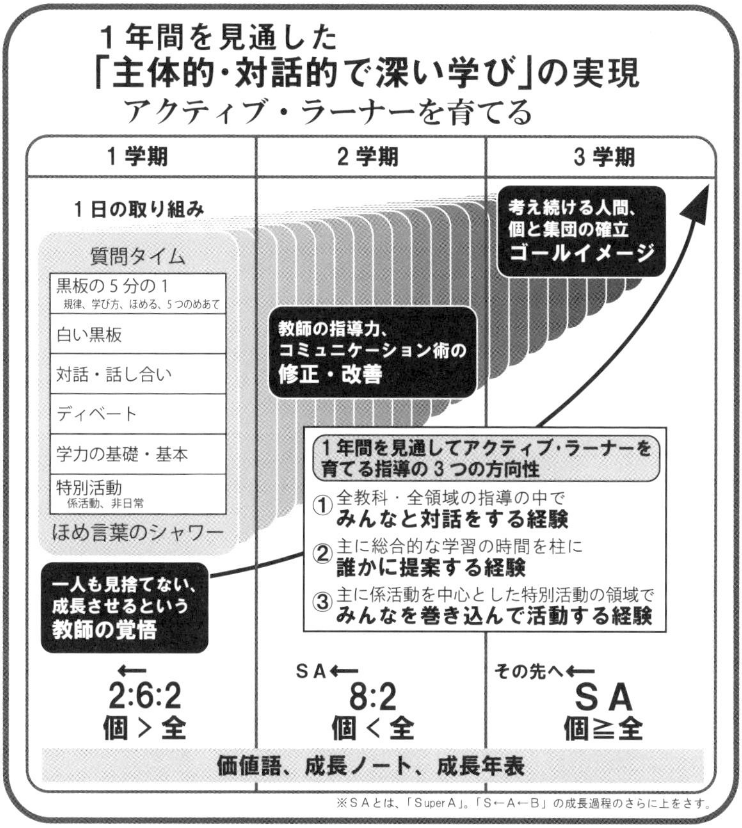

「菊池省三が考える『授業観』試案③」

「試案③」は、授業だけではなく、学校で行われる全ての営みを「成長の授業」と捉えた視点からまとめました。

「成長の授業」は、真のアクティブ・ラーナーを育てていこうとするものです。

「試案③」では、教師から子どもへの「感化」の部分に重きをおいた裏のめあてを示し、知識を重視した一斉指導から、変容重視の授業観への転換をめざそうと考え、まとめました。

1時間ごとの「知識・技能」に関する「表のめあて」以外の「教師のみる目」を軸とした「裏のめあて」に、光を当てる必要があると強く思っています。

・学級経営的な配慮（失敗感を与えない）　・学習規律の醸成
・学び方・学習用語の定着　　・子ども同士の横の関係づくり
・逆転現象を生み出すしかけ　・動きのある学習展開
・美点凝視でほめる声かけ　　・笑顔、ユーモアのあるパフォーマンス
・オープンエンドの授業展開

一斉授業は、「挙手→指名→挙手→指名」と教師と一人の子どもとの関係の中で、正解を確認し、誤りを正しながら淡々と進んでいきます。正解を言えない子どもは授業の枠の外でずっと疎外感を感じているのが実情です。多様な個性の子どもたちを、教室の机に向かわせて「静かにしなさい。はい、この問題を解いて」と、これまで通りの一斉指導をしていては、子どもたちがその窮屈さに耐えられず、学級が落ち着かない状態になっていくのは必然です。

一人ひとり違うことに価値があるということを皆が認識し、自分らしさを尊重し合い、認め合う土台を確実なものとしてつくることによってこそ、内容を伴った話し合いが成立するのです。

また、「主体的・対話的な深い学び」を支える力として、「圧倒的な読書量」「圧倒的な書く力」などを挙げています。知識重視の一斉指導における「読み・書き・計算」だけでは不十分だと考えているからです。

菊池省三が考える「授業観」試案③

ver.1

年間を見通した「成長の授業」

〔公社会に役立つ人間を育てる　個の確立した集団を育てる
考え続ける人間を育てる〕

主体的・対話的で深い学び

価値語／質問タイム／ほめ言葉のシャワー／ディベート／成長ノート／少人数による話し合い／係（成長）活動　等

裏のアクティブ・ラーナーを育てる

従来の一斉指導

知識重視の授業

読み・書き・計算

これからの時代に必要とされる変容重視の指導法

圧倒的な読書量／圧倒的な書く力（成長ノート）／圧倒的なコミュニケーション力／圧倒的な語彙量（価値語量）／圧倒的な読む力／圧倒的なパフォーマンス力／圧倒的な関係性　等

「成長の授業」を促す 各 1 時間の授業で大切にしたい「10 のめあて」

〈裏のめあては「教師のみる目」〉

表のめあて（教化）

①知識・技能に関するめあて

裏のめあて（感化）

②学級経営的な配慮（失敗感を与えない）
③学習規律の醸成
④学び方・学習用語の定着
⑤子ども同士の横の関係づくり
⑥逆転現象を生み出すしかけ
⑦動きのある学習展開
⑧美点凝視でほめる声かけ
⑨笑顔、ユーモアのあるパフォーマンス
⑩オープンエンドの授業展開

「菊池省三が考える『授業観』試案④」

全国での飛込授業をする中で、どうしても気になることがあります。それは、子どもたちのコミュニケーション力が弱い、ということです。話さない、聞けない、話し合えないという学級が多いのです。

そうしたことを克服していくために、私は「コミュニケーション科」という教科を教育課程の中に位置づけることの必要性を考え始めるようになりました。

コミュニケーション力が弱いという状況は、子どもたちが悪いわけではありません。戦後日本の教育の在り方が基本的に何も変わっていないことが原因なのです。それを変えていくために必要なことは、端的に言うと、「『教育学』から『学習学』に転換をしていく」ということです。

京都芸術大学副学長の本間正人先生が、「学習学」という考え方を提唱されています。これまでの教育政策はすべて教える側の都合でできていて、教える側に立った「教育学」はあっても、学ぶ側の立場に立った「学習学」がないことから、これからに必要な学びの形として「学習学」を確立されようとしているのです。

私はこの考え方に全面的に賛同しています。菊池学級の学びは、「学習学」のめざすものそのものであるという自負もあります。

このような「『教育学』から『学習学』への転換」を、コミュニケーション力の育成を中心に据えて考えた授業観がこれです。

教育学では、何をどのように伝えるかが重視されます。教師から出される言葉は「授業内容伝達言葉」です。それに対し学習学では、子どもたちは共に学び合う集団としてあり、教師は育て合う関わりをもつ役割を担い、演じる力やみる目といったパフォーマンス力が問われることになります。教師は「自己表現的言葉」を使います。

旧態依然とした一斉指導型の授業から、個と集団が社会化する学びへの転換を意味します。さらに、教育を、教え伝えることを基本とした「教化」から、教師の人格そのものを子どもに伝える「感化」へと転換させていくことを示すものでもあるのです。

菊池省三が考える「授業観」試案④

ver.1

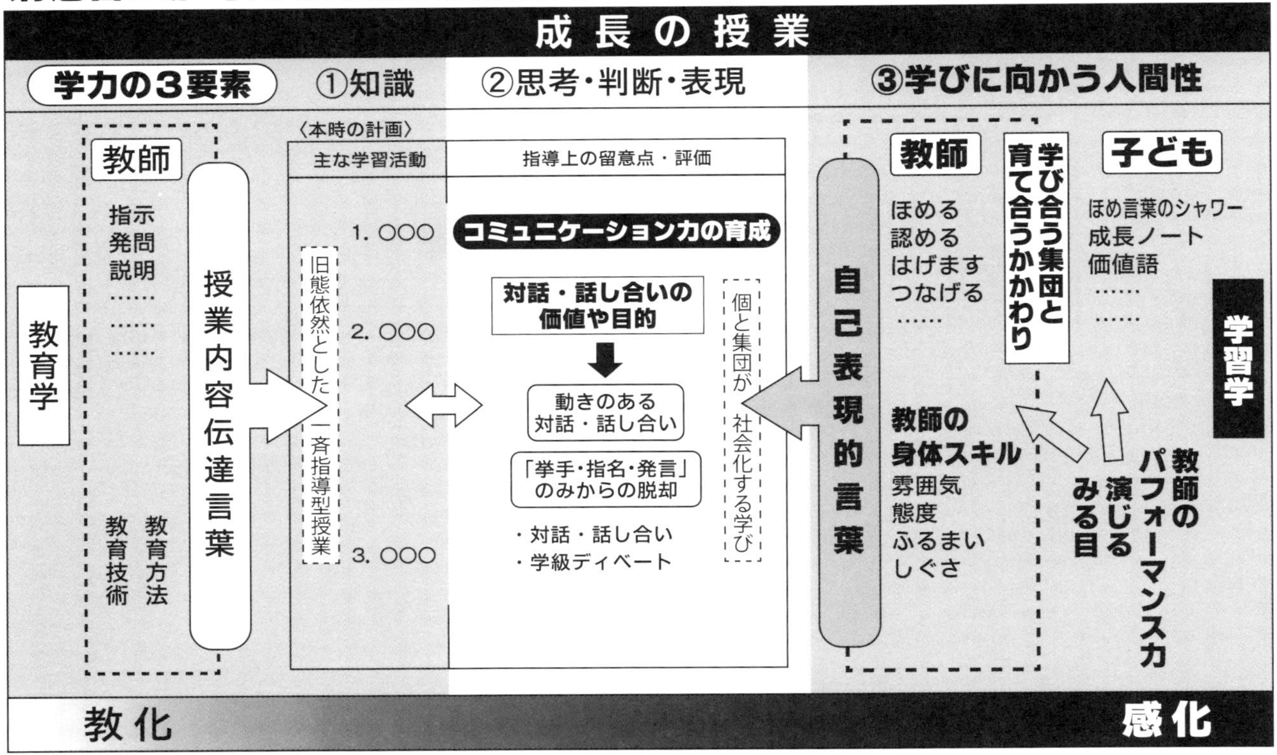

「菊池省三が考える『授業観』試案⑤」

この図は、コミュニケーション科を構想する中でまとめました。つまり、私が教育課程の中に位置づけたいと考えているコミュニケーション科が、どのような目的をもち、どのような役割を果たすかを説明するものです。

全体を「家」に見立てています。

「よい学級の土台」として、それを築く実践と、よい学級の条件を示した上で、よい学級は、「自信と安心の場」であり、「『成長』がキーワード」になり、確かな「教師のみる目」があることを示しました。

その上で、国語、道徳、総合、特活の時間を中心に、学級ディベートや子ども熟議を重ね、話し合いの態度と技術を磨き、話し合いの価値と目的を学んでいきます。

こうした全体が、まさに「コミュニケーション」そのものであり、温かな人間関係をつくっていくことになっていきます。

各教科の授業には、答えが一つである「絶対解の授業」と、答えを一つに絞ることができない「納得解の授業」がありますが、それぞれで学び合いを進め、先述の土台を活かした対話・話し合いの授業を創っていくのです。

これらの目的は、個の確立した集団の育成と考え続ける人間を育てることにほかなりません。2020年度（令和２年度）から完全実施されている新学習指導要領のめざす「主体的・対話的で深い学び」を真に実現させていくことになるのです。

ここで、柱となる３つの学び方を示しています。

①みんなと対話をする経験

②誰かに提案する経験

③みんなを巻き込んで活動する経験

こうした「教室を社会化」する学びが何よりも重要だと、私は考えています。コミュニケーション科を導入することによって、教室の中の全ての営みが成長へと有機的につながっていくと確信しています。

菊池省三が考える「授業観」試案⑤　ver.1

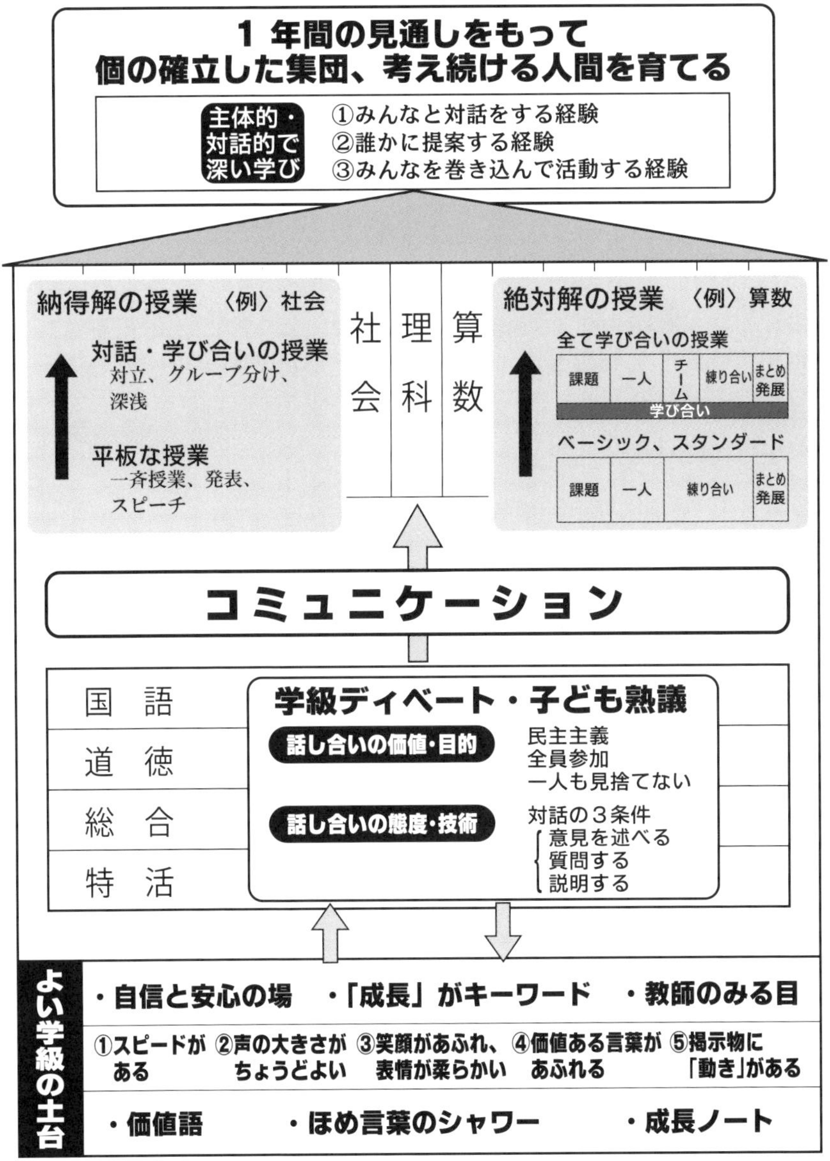

「菊池省三が考える『授業観』試案⑥」

これは原案を四半世紀ほども前にまとめたもので、書斎を整理していて「発掘」したものに若干修正を加えて完成させました。

学習指導要領で「生きる力」というめざす学力観が示されたのは、30年以上も前のことです。

文部省（現在の文部科学省）が中央教育審議会（中教審）に諮問し、1996年に第1次答申として示した「21世紀を展望した我が国の教育の在り方について」の中で、「生きる力」という概念を次のように示したのです。

いかに社会が変化しようと、自分で課題を見つけ、自ら学び、自ら考え、主体的に判断し、行動し、よりよく問題を解決する資質や能力であり、また、自らを律しつつ、他人とともに協調し、他人を思いやる心や感動する心など、豊かな人間性であると考えた。たくましく生きるための健康や体力が不可欠であることは言うまでもない。我々は、こうした資質や能力を、変化の激しいこれからの社会を［生きる力］と称することとし、これらをバランスよくはぐくんでいくことが重要であると考えた。

ここに書かれたことが、今日まで、教育の目的として重視されてきました。図の左下にも書いていますが、約10年ごとに学習指導要は改訂され、内容も少しずつ変わってきましたが、基本的な学力観に大きな変化はないと言えます。2020年度（令和2年度）に小学校で完全実施された新学習指導要領では「主体的・対話的で深い学び」と言われていますが、めざす像に大きな違いはありません。

当時、私は「中教審の『生きる力』とこれからの授業を考える」という考察を社会科の授業との関係で考えました。これからの社会科の授業は、社会的主体としての個人、社会を作る個人を育成するものでなくてはいけないと考え、そのために、社会を形成する人として必要な資質のよりよい習得をめざす社会科授業にしていく必要があると結論しました。現在の私は、この教育は全ての教科・領域で必要であると考えています。

菊池省三が考える「授業観」試案⑥
中教審の『生きる力』とこれからの授業の関係を考える

1997.01.18　ver.1
2020.01.05　ver.2

中教審『生きる力』

（1）「自分で課題を見つけ、自ら学び、自分で考え、主体的に判断し行動し、よりよく問題を解決する」

問題解決能力（問題解決学習）

構成要素
①情緒的感動性（問題に気づく）
②社会的知性（解決の理解　本質を見抜き、認識する）
③社会的実践能力（理解・認識に基づき実際に解決する能力）

（2）「他人を思いやる心」「感動する心」
（3）「自らを律しつつ、他人と共に協調する」
（4）「逞しく生きるための健康や体力」

『生きる力』は
●これからの変化の激しい社会において、いかなる場面でも他人と協調しつつ自律的に社会生活を送っていくために必要となる、人間としての実践的な力である。
●我々の文化や社会についての知識を基礎にし、社会生活において実際に生かされるものでなければならない。

構成要素の③「社会科では『社会を作る力』」
社会を領域としてとらえるだけでは不十分なのではないか

今までの問題解決学習

「生きる力」につながる問題解決学習

㋐ 認識的主体としての個人を育成する社会科授業
（領域としての社会）
人間生活の関係やその所産に関する領域

領域として対象化される社会についての
よりよい認識をめざす社会科授業

授業の流れ
1　認識上の問題を設定
2　予想を立てたり、調べる観点をもったり
3　調べ、話し合い
4　その解決としてのわかることを求めていく

『生きる力』
実践的側面
（価値判断・意思決定力）
認識的側面
（技能・思考力）
※価値中立の立場
公民的資質

㋑ 社会的主体（「社会」を作る）としての個人を育成する社会科授業
（人間関係のあり方としての「社会」）

社会を形成する個人として必要な資質の
よりよい習得をめざす社会科授業

授業の流れ
1　社会的な問題を設定し、
2　その問題解決を実現するための案を出し合い
3　議論によって
4　その解決方法を求めていく

学習指導要領の変遷　『生きる力』

1989年　新学力観。社会の変化に対応できる心豊かな人間の育成。
1998年　基礎・基本を確実に身に付けさせ、自ら学び自ら考える力などの［生きる力］の育成
2008年　「生きる力」の育成。基礎的・基本的な知識・技能の習得、思考力・判断力・表現力等の育成
2017年　知識の理解の質を高め資質・能力を育む「主体的・対話的で深い学び」

・技能…「どのように」「どのような」
　過程、構造、技能
・思考力…「なぜ」「どうなるか」
　条件、結果、原因・結果、
　目的・手段の関係　推論

・価値判断力…「善いか、悪いか」
　「すべきか、すべきでないか」
　「それはなぜか」
　価値判断の反省的吟味
・意思決定力…問題場面では「何をなすべきか」
　「どの解決策がより望ましいか」
　「それはなぜか」意思決定

「知る」「分かる」⇔「考える」
⇕　⇕
「過去の認識」⇔「未来の創造」
⇕　⇕
社会認識を深める⇔思考の判断の仕方、能力、技能の習得

4 授業後の感想から

飛込授業を行ったあと、子どもたちや先生方から、授業についての感想をいただくことが多くあります。私は、2020年度の目標の一つとして、「子どもたちの感想を深読みする」ということを決めていました。子どもたちのリアルな声に学ぼうという考えです。感想の中には、たくさんの発見があり、子どもを理解するためのヒントがあります。そして、自分自身のパフォーマンスを磨くことにも役立ちます。

その感想の中の１つに、先生が書かれたもので、これまで私が述べてきた授業観の転換と軌を一にするものがありました。

◆中学３年担任教師の感想（原文ママ）

菊池先生の授業をうける生徒を目のあたりにして「あっ、こんな一面があるんだ」と感じました。ひとつひとつの問いに真剣に向き合う姿、すすんで仲間と交流する姿、自分の考えを自分の言葉で伝える姿、とても新鮮に映りました。そして、私自身が子どもたちがもっている力を信じて取り組んでいかねば…と改めて感じました。この授業で発見した生徒の姿や学級の雰囲気を大切にしながら、卒業するときに「また会いたいな」と互いが思える学級づくりをしていきたいです。

担任として、生徒たちに「もっと開放的になってほしいな」そんな思いを抱いていました。一方で、今回の授業のように誰とでも分け隔てなく交流することに踏み込めない自分がいました。今回の授業は、そんな自分を超える契機になったと実感しています。この授業での学びが、私にとっても生徒にとっても"日常"になるよう、これからも頑張りたいと思いました。とても前向きな気持ちをもらえました。ありがとうございました。

一人ひとりの先生の中には、ここに書かれているように、「現状のままではいけない。なかなか変われないけれど、何とか変わりたい」という教師としての真摯な気持ちがあるのです。

そして、このことは、子どもたちは求めているのです。感想を読んでいると、そのことがひしひしと伝わってきます。子どもたちのこの思いに寄り添って、悪しき一斉授業から脱却し、一人ひとり違うことを当たり前に受け入れる教室を創っていきたいと思います。

そんな子どもたちから寄せられた感想をいくつか紹介して、この章を閉じたいと思います。

◆中学１年生の感想（原文ママ、以下同）

意見は一人一人ちがっていいというのをきいて、自分の意見に自信を持って発言することが大事だと思いました。

◆中学１年生の感想

いつもとは違う風な感じですごかったです。予想をしてみんなと話し合ってあまり話さない人と話して変わった経験ができたのでよかったです。

◆中学１年生の感想

今日は、はるばる○○中にきてくださって本当にありがとうございました。人の気持ちを想像することを心がけていきたいです。だれかがぼそっと言ったことも聴きとって、とてもすばらしかったです。

◆中学１年生の感想

他の人の意見を知ることや、普段関わりのあまりない人とも関わることができました。感謝しています。本当にありがとうございます。

◆中学１年生の感想

すごく楽しかったり、１枚のプリントでこんなにもひとりひとりがちがうんだなと思いました。みんなの考えがちがうなんてすごいと思いました。

◆中学１年生の感想

自分自身が授業にのめり込んで時間があっという間に過ぎていきます。菊池先生の聞いている人を誰一人あきさせない話術は、まさに"神業"だと思います。私も副会長として、そんな力をつけていけるように頑張ります。

◆中学１年生の感想

自分で予想を立てたり、友達と考えることが楽しかったです。場の目的に合った態度をすることの大切さが分かりました。

友達のだした意見にははんのうすることで自分では考えられない、意見や予想をたくさん聞くことができいろいろなことが分かりました。

菊池省三先生の授業を受けて友達をみとめることの大切さが、授業を受ける前より分かりました。

◆中学３年生の感想

私は菊池先生の授業を受けさせていただいて、授業はクラスのみんなとコミュニケーションをとることが大切だと分かりました。他の人の意見を聴いて、それに対して自分なりの反応をして、自分の意見を相手に伝える事を学びました。普段の授業ではコミュニケーションをとる機会が少ないですが、クラスの人の発表に対して、拍手や反応していきたいと思います。そして、笑顔を心がけます！クラスのみんな、ひとりひとりを尊重することを大切にしていきます。菊池先生の授業を受けさせていただけて、本当に良かったです。ありがとうございました。

◆中学３年生の感想

菊池先生の授業受けて、僕は、人とのコミュニケーションについて学びました。人が何か話したらうなずいたり、あいづちをしたりすることで笑顔になったりするということを学ばせてもらいました。菊池先生には、拍手リーダーを指名された時、正直うれしかったです ww　人の発表をしっかり聞くことで自分の意見に対して考えれたり、新しい発見などがあるということもわかりました。僕は、菊池先生は、今まで僕の見た先生と違っていて、話の進め方や、黒板に書いていく場所、発表のさせかた。他の先生も「すごい」と授業が終わったあとずっと言っていました。水が流れるかのように授業がスムーズに進んで、来ている人もとてもわかりやすくて、やりやすかったです。

◆中学３年生の感想

授業が普通の先生よりも生徒に考えさせて生徒たちの中で話を発展させようとしている感じがして考えることが多くて少しつかれた。けど、こういう授業をして子どもに自分で考えさせることは成長させていく上で大切なのかもと思った。

普だんわかっているつもりでも、こういうような考える機会があるとあらためて深く考えられると思った。

第2章

『菊池実践』を地域で活かす

1…岡山県浅口市

2…大分県中津市

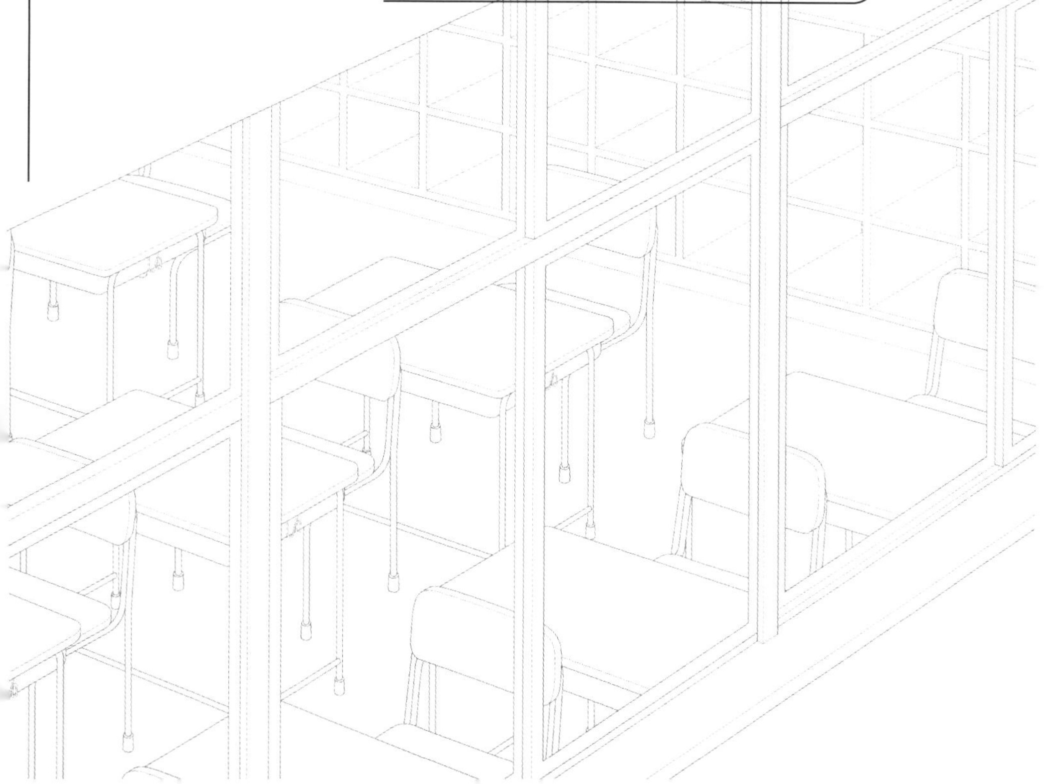

第２章

『菊池実践』を地域で活かす

1 岡山県浅口市
キラリと光る未来プロジェクト

岡山県浅口市教育委員会　久保山　崇

１ 現状と課題、菊池実践の必要性

「子どもは１日に何回、笑うと思いますか」

これは、令和２年度に浅口市で行われた研修会の中で菊池省三先生が話されていた質問です。

「一説には、３００回程度と言われています」と菊池先生から答えが出た瞬間、私を含めその場にいた先生方から驚きの声が上がっていました。

本市では、菊池先生を「学級経営アドバイザー」に委嘱して３年めに入りました。この事業を始めた目的が「子どもたちの笑顔のため」であるということを私自身、再認識することができました。

５年前に私が浅口市の指導主事となり、市内外の学校を回っていた当時、菊池先生がよく言われる「硬くて、遅い」教室が多いことに私は違和感を覚えていました。その正体は、子どもの笑顔がない授業でした。

令和２年度に浅口市で行われた菊池先生のモデル授業を私も参観しました。授業の中で菊池先生は子どもたちに、「何かを聞いたら、あっと思いつくこと、思い出すことを習慣づけましょう」と呼びかけていました。子どもも大人も同じです。冒頭の菊池先生の質問の答えを聞いた瞬間、私自身がこの事業をつくるきっかけを「あっ」と思い出したのです。

もう一つ、菊池先生が子どもたちに話していた言葉の中に印象的なフレーズがあります。「個の確立した集団、考え続ける人間であるために３つのことが大切です。それは、①みんなと対話をする経験　②誰かに提案する経験　③みんなを巻き込んで活動する経験です」という言葉が本事業を推進する上で大切にしていることです。

本市は、平成１８年に鴨方町、金光町、寄島町の３町が合併して誕生

した岡山県で最小の市で、市内には公立小学校７校、中学校３校があります。平成３０年度に菊池先生を招聘し、鴨方中学校（鴨方エリア）からスタートした浅口市「学級経営アドバイザー」事業は、令和元年度に鴨方中学校（鴨方エリア）、金光小学校、金光中学校（金光エリア）、令和２年度に鴨方中学校（鴨方エリア）、金光中学校（金光エリア）、寄島小学校、寄島中学校（寄島エリア）へと市内全域を網羅できるほどに拡大しています。事業テーマは、「子どもを認める、ほめる、はげます」です。

スタートして３年め、成果として挙げられるのは、以下の点です。

①菊池先生の授業を参観する機会や、夜の勉強会を通して、市内外の先生方が学べる環境ができたこと。

②モデル校を通して、市内の小中学校の管理職や先生方に「子どもを認める、ほめる、はげます」という言葉と実践が認知されていること。

③個人で実践する先生や市の事業の枠を飛び越えて学校の研究テーマとして進めている学校が現れたこと。

一方で課題として挙げられるのは、以下の点です。

①学校には様々な教育観をもった先生方がいるので、菊池実践への理解に差があること。

②モデル校に事業を展開していくが、校内の取り組みとして実践を広げていくためには２～３年の継続的な事業展開が必要なこと。

③すでに実践を始めている個人や学校の質をいかに高めていけるかということ。

子どもを取り巻く環境は、１０年前と大きく変化しています。核家族化が進み、異年齢集団との遊びも消え、ＳＮＳが発達している今、教育現場で子どものコミュニケーションを豊かにしていくことは必須です。市の事業をお願いする時に私がモデル校の管理職と話していると、その重要性をどの管理職も感じています。先生方は、知識や技能を伝達することは得意ですが、コミュニケーション能力の育成に関しては未熟です。だからこそ、子どもたちと学校の管理職、先生方がコミュニケーションについて共に学び合える環境をつくりたいと強く願うのです。

2 1年間の見通し、めざす成長の姿

菊池先生のモデル授業では、子どもたちが笑顔になる場面が多くあります。それを見ている担任も他の先生方も管理職もみんな笑顔です。授業の中にめざす目標があり、子ども同士をつなぐ手立てがあり、子どもに動きがあります。テンポとユーモアを交えた授業は、やがて教室の雰囲気を柔らかなものへと変えていきます。そこに、子どもも参観者も引き込まれていきます。子どもたちは書くこと→発表することを繰り返すことで、思考を連続し、友達とつながり、学び合う1時間を過ごします。当然、教室には気になる子どもがいますが、菊池先生は失敗感を与えないよう、どんな些細な点も拾い、ほめます。浅口市がめざすべき成長の姿がここにあります。このような学級や学校を増やしていきたいです。

浅口市「学級経営アドバイザー」事業は、モデル校と実践者を決め、菊池先生に1校につき学期に1回、年間計3回入っていただきます。菊池先生のモデル授業や先生方の授業公開、研修会という形が主です。新型コロナ感染症の影響もあり全ては実施できませんでしたが、令和2年度の取り組みは以下の実施予定です。

(1) 令和2年度1年めのトライ(寄島小学校、寄島中学校)

1年めの目的は菊池先生を知り、菊池実践にトライすることです。市内には、菊池先生の授業を見たことがない先生方もいるので、1学期は、最初に担任や教科担任の授業を参観し、その後、同じ学級で菊池先生がモデル授業を行います。最後は、研修会です。

2学期は、菊池先生と共に授業をつくることをテーマに、担任が菊池先生と共にほめ言葉のシャワーを実践します。その後、研修会を通して、共通理解を図ります。

3学期は、子ども同士をつなぐ授業づくりをテーマに学校で授業を考え実践してもらい、研修会です。

(2) 令和2年度継続2年めのトライ(金光中学校)

上記(1)の経過を経て、2年めに入っている学校では、その目的を実践者の取り組みから学年、学校の取り組みに変えていくこととしていま

す。

１学期は、菊池実践をしている先生のほめ言葉のシャワーを参観する、または、ほかの先生が菊池先生と共にほめ言葉のシャワーを実践する、その後、菊池先生のモデル授業、研修会を行います。

２学期は、子ども同士をつなぐ授業づくりを学校で考えてもらい、参観します。また、１学期に参観していない学年やクラスでのほめ言葉のシャワーを見たあと、研修会を行います。

３学期は、学校が考える子ども同士をつなぐ授業やほめ言葉のシャワーの参観、菊池先生のモデル授業、研修会です。この研修会では、次年度に学校としてできることは何かを管理職、先生方全員で考えてもらう場とします。

⑶ 令和２年度継続３年めのトライ（鴨方中学校）

３年めに入っている学校の目的は、菊池実践を学校全体で取り組むこととその質を高めていくことです。

嬉しいことに鴨方中学校では、菊池実践が学校の研究テーマとなっており、今後、継続して研究を進めていくことになっています。また、驚くべきことに学校の取り組みが教師から生徒主体の取り組みへと変化してきています。個の確立した集団、考え続ける人間であるために、①みんなと対話をする経験　②誰かに提案する経験　③みんなを巻き込んで活動する経験を子どもたちに積ませようと学校が考えた証です。詳細は、あとで紹介します。

１日の大半を親よりも長い時間を一緒に過ごす学校の先生が、子どもたちの身近な大人としてのモデルです。よいモデルであるために、先生も学び続けなければなりません。菊池先生が本市に来られる日には限りがありますので、その貴重な時間を使って、「あさくち学び場」という夜の自主勉強会を令和元年に立ち上げています。

浅口市の先生方だけではなく、県内の倉敷市や岡山市、広島県の福山市など菊池実践を行っている方を交えた勉強会です。浅口市だけで考えるのではなく、広く学び合い、つながりたいのです。

3 実践紹介

浅口市は、「自他との関わり合いの中で、生きる力を育む」ことを目標に「キラリと光る未来プロジェクト」を立ち上げ、教育施策を進めています。市として「学級経営アドバイザー」事業の趣旨「認める、ほめる、はげます」を徳の部分に以下のように位置づけており、具体的な取り組みを各校で考えてもらっています。

キラリと光る未来プロジェクト

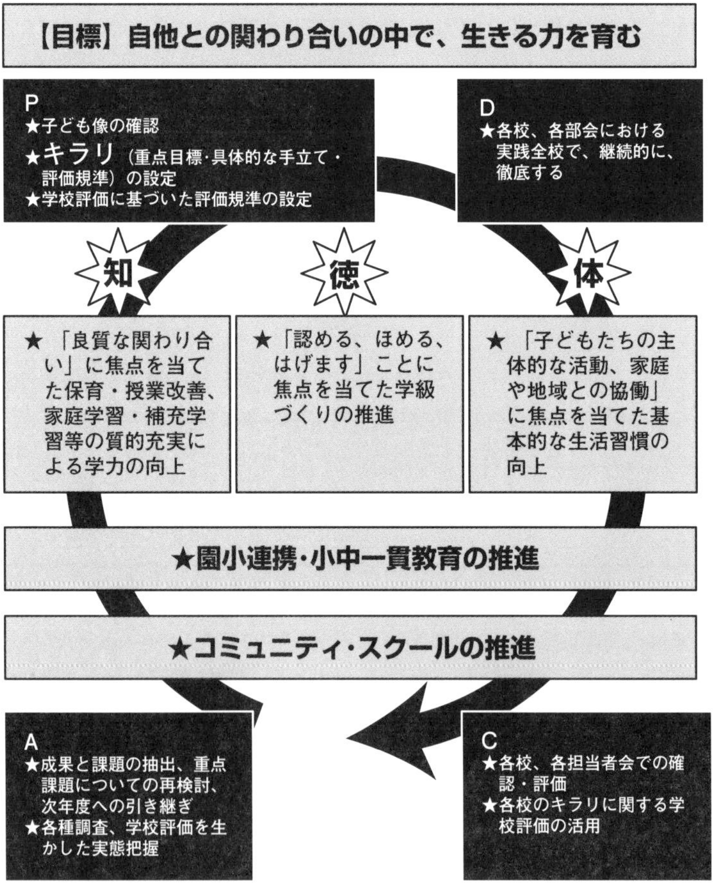

２０２０年４月　　浅口市教育委員会

菊池先生のお話の中に、「覚悟」という言葉がよく出てきます。浅口市が進めている「学級経営アドバイザー」事業は、学校と共につくっていく事業にしたいと考えていました。そのためには、管理職の事業に対する理解が不可欠です。私は行政が考える事業の在り方と学校が考える課題解決について、管理職と意見のすり合わせを何度も行います。

管理職が考えている学校の課題の一つは、人材育成です。若い先生が増えてきている現在、人材育成は急務です。学校には、若い先生を実践者にして菊池実践に取り組んでもらい、ベテランや中堅が若手をフォローする体制をつくってもらいます。私たち行政側は、菊池先生というモデルを提供し、学校の人材育成の後方支援をしながら、菊池実践を知ってもらい、取り入れてもらいます。学校と行政でWIN-WINの関係をつくるのです。

具体的な例として、鴨方中学校の実践を紹介します。

⑴ 平成３０年度（実践者の小さな一歩）

平成３０年度に立ち上げた「学級経営アドバイザー」事業は、鴨方中学校からスタートしました。菊池実践の担当者は、新採用２年めの久山先生（２年Ａ組担任）です。これは、後々になってお聞きしたことですが、１学期に行われた２年Ａ組での菊池先生のモデル授業を見るまでは、当時の小原校長も菊池実践が中学生において効果があるのか、半信半疑だったそうです。そのモデル授業とは、オリンピックに出場した日本の陸上競技選手３名の写真を見ながら、５行詩の空欄を予想するというものでした。初めは恥ずかしそうにしていた生徒が、菊池先生のユーモアと友達の拍手によって、自分の意見を堂々と言えるようになっていきました。また、自分の意見を書いて、その後、教室内を自由に歩くことを繰り返すことで、生徒の思考が連続し、活発化されていきました。

教室の空気が次第に柔らかくなってきた授業の後半、菊池先生の一言で場の空気が一変しました。それは、菊池先生が「この５行詩は、数年前に起きたある事件の翌日に、ある新聞に掲載されたものです」ということを説明したからです。生徒も参観していた管理職や先生方も「はっ」と息を飲みました。ここから、生徒たちは、より真剣にこの詩を受け止め、考え始めました。

放課後の研修会を終えたあと、小原校長が「この事業はいいですね。私の授業観に相通じるものがありました。何よりも１時間の中での中学生の豊かな表情と発想に驚かされました。若い先生に実践を任せ、研究を進めます」と言われました。私は小学校、中学校の管理職と話をする機会が多いのですが、子どものコミュニケーション能力の育成に対して、どちらの校種の管理職も大切だと感じています。

しかしながら、どちらかというと中学校の管理職の方がより意識しています。というのも、中学校は義務教育の最終段階で、子どもたちを社会に送り出していくことを身近に感じているからです。また、中学校は教科担任制であるので、教科担任によって授業の自由度が高い分、より子どもたちにコミュニケーション能力が求められることも挙げられます。

２学期は、２年Ａ組担任の久山先生が菊池先生と共にほめ言葉のシャワーを行いました。久山先生は夏休み後からほめ言葉のシャワーを少しずつ実施はしていたものの、生徒の表現力の乏しさ、生徒や教師がどのようにほめればよいのか、迷っていました。菊池先生と一緒にほめ言葉のシャワーの授業をすることで、菊池先生が見ている視点、ほめるタイミングとその言葉を体感することができました。放課後の研修会で誰よりも貪欲に菊池先生の言葉を吸収しようとしていたのは久山先生でした。

３学期は、子ども同士をつなぐ授業づくりをテーマに学校で授業を考え実践するというものです。菊池先生がモデル授業を１年生で行ったあと、研修会を行いました。２学期にほめ言葉のシャワーを行った久山先生は、菊池先生との授業後も校内でただ一人、ほめ言葉のシャワーを実践し続けていました。３学期になると全校の授業を一人で行っている音楽や美術の教員が久山先生の学級の人間関係の温かさに気づき、全校がその効果を実感することになりました。

(2) 令和元年度（学校全体で）

鴨方中学校では、令和元年度より総合質問紙調査の i-check（東京書籍）

を活用しています。１回めの調査結果を踏まえた研修会で、「成功体験と自信」「感動体験」「学級の絆」の３つのカテゴリーで、標準スコアが全学年とも全国平均を下回っていました。また、「学級の絆」は授業づくりの土台として大切であることを確認し、「成功体験と自信」「感動体験」が授業や学級の充実度につながっていると考え、以下の取り組みを学校で考えました。

①ほめ言葉のシャワー

毎日、その日の主役を一人立て、その日見つけた「私しか知らない○○さんのよいところ」を帰りの会で全員が発表しています。自分では気づかないよいところを友達が見つけ合うことで、教室が安心できる場所になっています。取り組みを最初に始めた３年生から「自分たちで学校全体に広めたい」という意見が出て、３年生が２年生の教室で実際に実施してモデルを見せました。その後、３年生と２年生が協力して、１年生を入れた全校学活を企画し、先輩から後輩に「ほめ言葉のシャワー」の意義やよさ、やり方を伝えました。

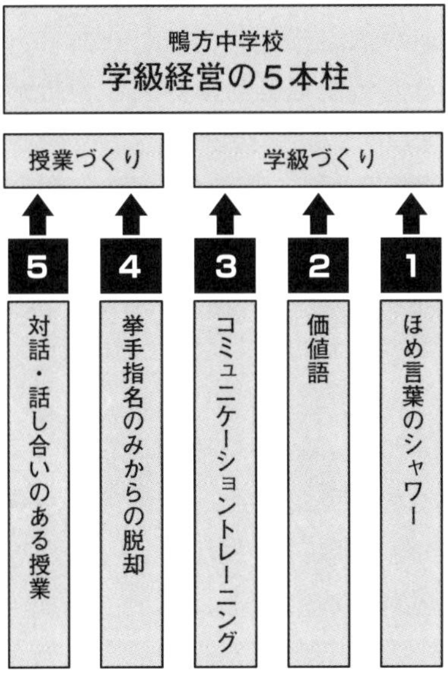

②価値語

生徒用玄関に成長年表形式で価値語を掲示しています。価値語をつくる教員を組織化し、学級委員も作成に加わっています。生徒たちが掲示物の前で立ち止まり、会話をしている光景がよく見られます。

③コミュニケーショントレーニング

「AとB、どっちが好きですか」、「も」から始まる言葉等の簡単な対話活動を朝の会に取り入れています。楽しめる要素を入れることで、他者と関わる機会を意図的に設けています。笑いに包まれ、笑顔で１日のスタートを切ることができています。

④挙手指名のみからの脱却

教授型の授業では、生徒の答えが教師に向かって一方向になるので、生徒同士のつながりができません。自分が考えたことを友達に伝え、相談することができるよう授業中の指名や発表の方法を全員発表、縦列／横列指名、付箋を利用したKJ法等、工夫するように努めています。

⑤対話・話し合いのある授業

関わり合い・学び合いのある授業にするために、対話・話し合いを取り入れています。授業の導入にペアで３０秒復習トーク等の短時間でできる対話を取り入れたり、自由に立ち歩いて交流したり、動きのある授業をめざしています。

(3) 令和２年度（学校の伝統づくりと地域への発信）

令和元年度の取り組みを継続しています。令和元年度の３学期に予定していた生徒主体の「ほめ言葉のシャワー」の伝承式が、新型コロナ感染症の影響で行うことができませんでした。令和２年度の３学期に新たな学校の伝統行事として実施を予定しています。

また、生徒が「ほめ言葉のシャワー」ののぼりを全校にデザイン募集し、投票で選びました。伝承式で披露したあと、市役所等にも置いてもらうことにしています。

4 ふり返り（まとめ）

「自分には、いいところがあると思いますか」

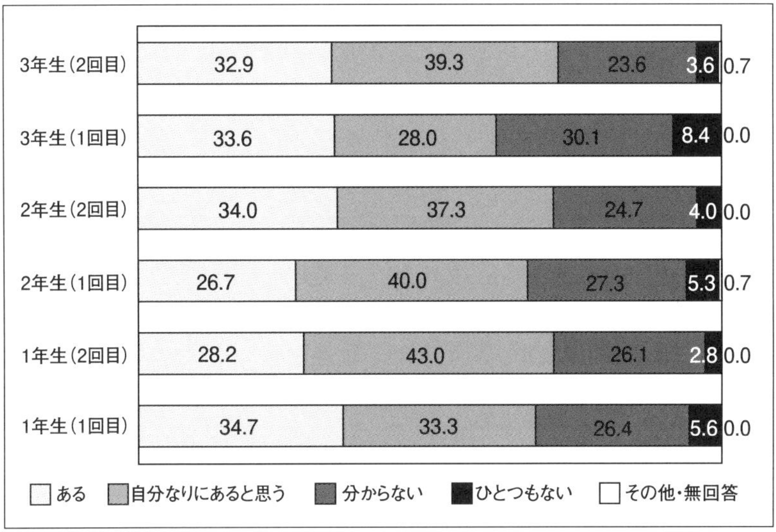

このグラフは、令和元年度に鴨方中学校が実施したi-checkの質問の中の１つの結果です。「ある」「自分なりにあると思う」の肯定的意見が２回めでどの学年も増えています。ほめ言葉のシャワーを中心とする取り組みを学校全体で進めた成果が客観的なデータでも裏づけられています。

浅口市で実施している「学級経営アドバイザー」事業は、菊池実践を核としています。教室が子どもたちにとって安心と自信の場であるために取り組んでいます。中学校に実践が広がりつつあるのは、義務教育のゴールとして、学びを人生や社会に生かそうとする学びに向かう力・人間性等の涵養に目が向いているからです。個人、学校、市で話題にして考えられる機会があることが幸せだと感じます。学びにゴールはありません。

最後にこの事業を立ち上げるにあたり、菊池先生、高知県いの町をはじめとする出会ったすべての方に、この場を借りて感謝を申し上げます。浅口市は、これからも子どもたちの笑顔のために先生と子どもが共に学び合える教室をつくっていきたいと考えています。

第２章

『菊池実践』を地域で活かす

2　大分県中津市
ほめあうまち　なかつ（HOME－MACHI）

元大分県中津市教育委員会（現大分県中津市立深水小学校）　森園　敬一

１　現状と課題、菊池実践の必要性

●本取り組みの動機について（平成２８年度から）

大分県中津市には１０校の中学校、２１校の小学校があります。中津市内の児童生徒の中には、クラスで安心して自分を出せずに学校生活を送ったり、相手との違いを受け入れられず攻撃的な言動をとってしまったりして、トラブルや問題行動が起きてしまうという課題が見受けられます。また、核家族の増加にともない、家庭内で親子の関係がうまくいかなくなったり、地域の人間関係が希薄になってきたりしているという地域課題もあります。

私が中津市教育委員会社会教育課に社会教育主事として勤務していた当時、中津市の児童生徒を人権感覚にすぐれた子どもたちに育て、人権意識の高い学校づくり、家庭づくり、地域づくりを進めていくために平成２８年度は城北中学校区（城北中学校、南部小学校、北部小学校）で、平成２９年度は豊陽中学校区（豊陽中学校、豊田小学校、沖代小学校）で、平成３０年度は三光中学校区（三光中学校、山口小学校、真坂小学校、秣小学校、深水小学校）で、中津市教育スーパーアドバイザーに就任した菊池省三先生を講師に迎え「ほめあうまち　なかつ（ＨＯＭＥ-ＭＡＣＨＩ）」推進事業を推進してきました。平成３１年度（令和元年度）は、私が沖代小学校へ現場復帰したため、後任の原淳二社会教育主事により、中津中学校区（中津中学校、小楠小学校）で、引き続き推進されました。

私が、今年度（令和２年度）の４月から赴任することになった中津市立深水小学校（三光中学校区）では、平成２９年度から三光公民館運営委員会が中心となって、「めざそう！あいさつ世界一」をスローガンに「あ

いさつ運動」に取り組んでおり、今年も継続して行っています。中津市教育委員会では、市民が「ほめあうまち　なかつ」の機運をさらに中津市全域に広げるために、令和２年度は幼稚園から高等学校までの先生方と菊池先生の授業や学級づくりをもとに事例研修会を行っています。また、中津市ＰＴＡ連合会と共に、子どもとのよりよい関わり方を熟議によって明らかにするワークショップや地域住民や保護者を対象にした講演会を実施して、菊池省三先生にご指導、ご助言を受けながら、学校（教職員)・家庭（ＰＴＡ)・地域（自治会、社会教育団体など）が協働して「ほめて、認めて、励まして」「あいさつプラスワン」をキーワードに、よりよい地域づくりをめざしています。

●本事業の概要

中津市教育スーパーアドバイザーの委嘱（平成２８年度〜）

本事業取り組みに先立ち、平成２８年５月３１日に本事業のキーマンである菊池省三先生を中津市教育スーパーアドバイザーに委嘱し奥塚正典中津市長が委嘱状を交付しました。

この時から菊池先生の教育観と中津市がめざす「学びたい教育のまち中津」が結びついて、現在も進行中、成長中です。

「『白熱する教室』第６号２０１６年秋号 (中村堂) 参照」

２　1年間の見通し、めざす成長の姿

●令和２年度の歩み

・令和２年度：中津市版「家庭教育ノススメ」をつくろう、教職員対象研修、地域講演会「共に助け合う地域づくり」

○令和２年度第１回教職員研修会

令和２年７月１８日（土）１０：００〜１１：３０

場所：中津市如水コミュニティーセンター

講師：菊池省三先生
内容：対話と絆をつくる最高の教室について
対象：幼稚園から高等学校までの教職員、保育士
○令和２年度第２回教職員研修会
令和２年１０月１７日（土）１０：００～１１：３０
場所：中津市如水コミュニティーセンター
講師：菊池省三先生
内容：みんながつながって学び合うクラスづくりについて
○令和２年度第３回教職員研修会
令和２年１０月３１日（土）１０：００～１１：３０
場所：中津下毛教育会館
講師：菊池省三先生
内容：やんちゃな生徒も活躍する授業づくりについて
○令和２年度第４回教職員研修会
令和２年１２月１９日（土）１０：００～１１：３０
場所：中津下毛教育会館
講師：菊池省三先生

●中津市ＰＴＡ連合会・中津市教育委員会共催「家庭教育ノススメ」づくりについて
○令和２年度中津市ＰＴＡ連合会指導者研修会
第１回「家庭教育ノススメ」作成ワークショップ
令和２年７月１８日（土）１４：００～１６：００
場所：中津市如水コミュニティーセンター
講師：菊池省三先生
内容：子育ての困りや悩みを出し合い共有する
参加者：中津市ＰＴＡ連合会（中津市立小中学校ＰＴＡ会長、副会長、母親部、一般会員など）

○第２回「家庭教育ノススメ」作成ワークショップ

令和２年１０月１７日（土）１４：００～１６：００

場所：中津市耶馬溪公民館（文化ホール）

講師：菊池省三先生

内容：子育ての困りや悩みに対し、よりよい親の関わり方を熟議で明らかにする①

○第３回「家庭教育ノススメ」作成ワークショップ

令和２年１０月３１日（土）１３：３０～１６：３０

場所：中津下毛教育会館

講師：菊池省三先生

内容：子育ての困りや悩みに対し、よりよい親の関わり方を熟議で明らかにする②

○第４回「家庭教育ノススメ」完成発表会

令和２年１２月１９日（土）１３：３０～１６：３０

場所：中津下毛教育会館

講師：菊池省三先生

内容：「家庭教育ノススメ」の発表と理念の説明
来年度単位ＰＴＡでの活用や啓発の仕方を熟議する

○中津市ＰＴＡ連合会の役員による打ち合わせ会

●地域講演会

（校区地域づくり協議会会員・地域婦人団体連合会会員など）「ほめあうまち　なかつ」「共に助け合う地域づくりについて」

・令和２年7月１８日（土）１９：００～２０：００

場所：中津市如水コミュニティーセンター

講師：菊池省三先生

対象：東中津中学校区住民、青少年健全育成協議会等

・令和２年１０月１７日（土）１９：００～２０：００

場所：中津市耶馬溪公民館（文化ホール）

講師：菊池省三先生
対象：山国・耶馬溪・本耶馬渓中学校区住民、中津市地域婦人団体連合会等

・令和２年１０月３１日（土）１９：００～２０：００
場所：今津コミュニティーセンター
講師：菊池省三先生
対象：今津中学校区地域住民、いきいきいまづまちづくり推進協議会等

・令和２年１２月１９日（土）１９：００～２０：００
場所：大幡コミュニティーセンター
講師：菊池省三先生
対象：緑ヶ丘中学校区地域住民

●めざす像について

中津市では、４か年の「ほめあうまち　なかつ（ＨＯＭＥ－ＭＡＣＨＩ）」推進事業を通して、学校、家庭、地域が一体となって、人権教育を推進し、地域全体で人権意識を高め、一人ひとりを大切にした教育の充実を図ってきました。学校での「いじめゼロ」運動や帰りの会の「ほめほめタイム」、家庭や地域での「あいさつプラスワン」運動等、子どもの言動に新しい価値を発見し、ほめ言葉を伝える取り組みを広げることで、学校では学ぶ意欲をもった学習集団づくり、家庭では良好なコミュニケーションづくり、地域では人権意識が高い地域づくりをめざしています。

５か年めとなる今年度は、参加される方々の悩みや困りに少しでも応

えられるような内容にするため、教職員研修では事例をもとに参加者で議論する場をつくっています（一人も見捨てない学級経営をめざして・ストップモーションから見る授業づくりについて等）。中津市ＰＴＡ連合会との共催による「家庭教育ノススメ」づくり（全４回）でも、各家庭の子育ての悩みを出し合い、課題ごとによりよい親の関わりを熟議で明らかにしようとしています。形は違いますが、中津市が「ほめて　認めて　励ましあうまちづくり」の実現に向けて取り組みを継続しているところです。

３ 実践紹介

●教職員研修会

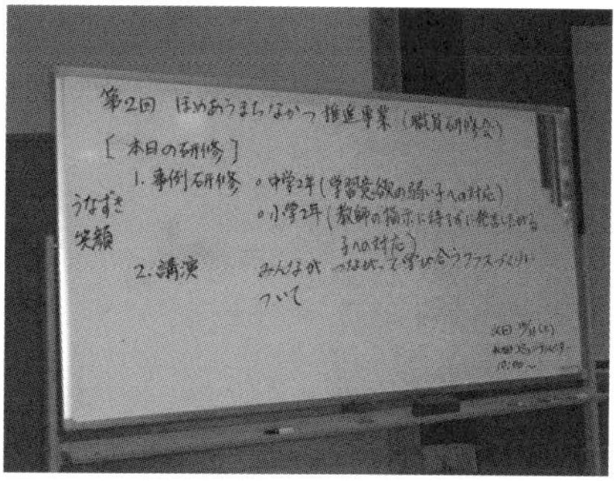

教職員研修会では、事例研修①として「学習意欲の弱い子」への対応。事例研修②として、「教師の指示を待てずに発言したがる子」への対応について昨年度の事業で菊池先生が飛び込みのモデル授業をした際の映像を視聴し、ストップモーションで事例を検証したとあと、二人組で事例についての意見交換を行いました。疑問点については、菊池先生に対応の意図について質問し、学習していきました。

ストップモーションでの事例研修ののち、菊池先生から「みんながつながって学び合うクラスについて」と題し、ご講演いただきました。講演後には、現在大学生で令和３年４月から小学校の教壇に立つ予定の参加者から、菊池先生への質問と「４月から研修で学んだことを活かしてい

き、子どもたちがつながって学び合えるクラスづくりに心がけていきたい」という思いが発表されました。

第３回教職員研修会では、「やんちゃな生徒も活躍する授業づくり」の視点で菊池先生による授業映像をストップモーションで行いました。この日はドキュメンタリー映画「挑む３」の撮影カメラも会場入りし、白熱した研修会になりました。

●「家庭教育ノススメ」づくりについて

「家庭教育ノススメ」づくりに向けてワークショップ（全４回）を中津市ＰＴＡ連合会と中津市教育委員会との共催により開催し、家庭教育についてよりよい親の関わり方を明らかにした「家庭教育ノススメ」を作成します。できあがった「家庭教育ノススメ」は、各家庭に配布したり、広報したりして、地域をあげて良好な家庭教育推進の機運を高めていこうとしています。

第１回に出された子育ての悩みや困りを役員会の打ち合わせで６つの

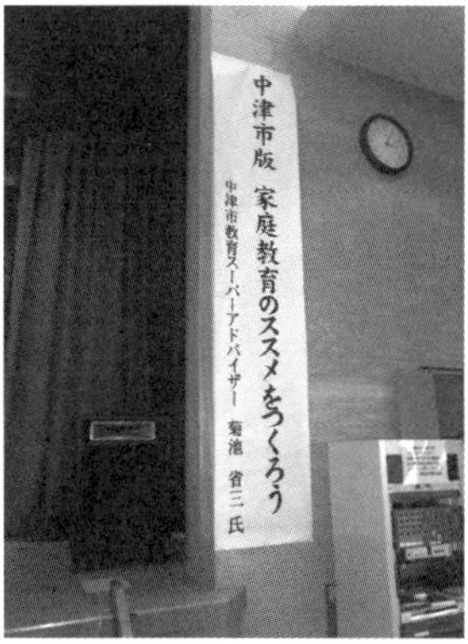

熟議のテーマをつくりました。

①　「テレビ・スマホ・ゲーム」について望ましい親の関わりやルールとは。

②　「基本的な生活習慣」について子どもが自覚する親の関わりとは。

③　「勉強」について子どもが自主的に取り組む親の関わりとは。

④　よりよい親子関係を築くために親が心がけることは。

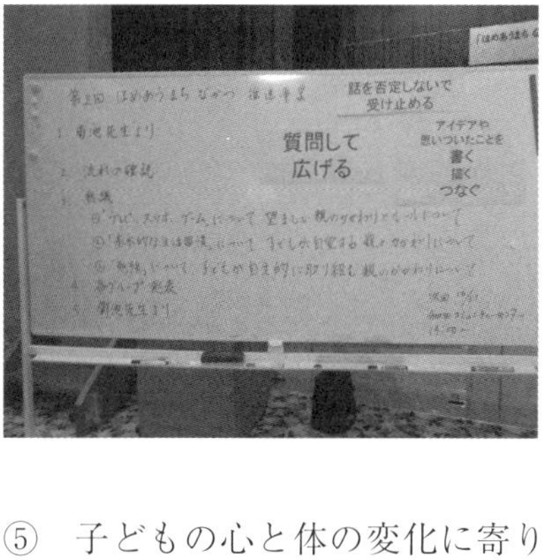

⑤　子どもの心と体の変化に寄り添う家庭をつくるために親が心がけることは。

⑥　家の外での子どもの行動や情報を知るために親が心がけることは。

などについて４人グループで熟議したことを模造紙にまとめ、会議の最後にグループごとに発表して次の会議につなげていきました。会議の

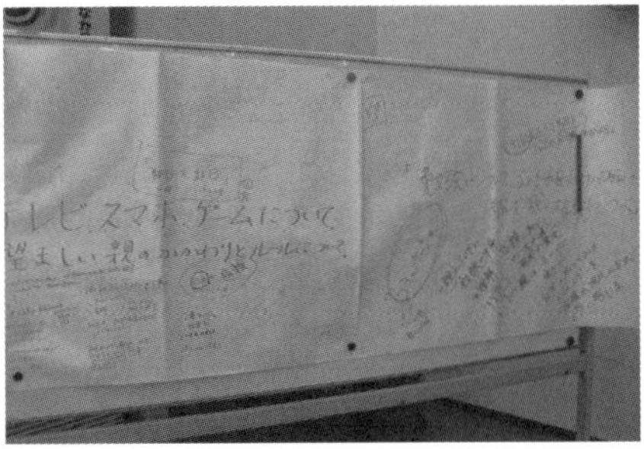

初めには、菊池先生から熟議のアドバイスを話していただき、最後には講評をいただきました。

お父さん方も真剣に熟議されています。菊池先生のドキュメンタリー映画「挑む３」の撮影カメラも入っているからか、熟議も白熱しています。

「家庭教育ノススメ」の基本（素案）は、第１回から熟議してきたＰＴＡ会員のみなさんの協働のあしあとです。

事業後には打ち合わせ会を随時開催し、大人が本気の熟議を行いました。

熟議で納得する答えを見つけ出した時はとても気持ちがいいという声も聞かれ、熟議の楽しさを感じているようです。最終日の12月19日までに何度か打合せ会を開いて検討を行います。この本が発行された頃には「家庭教育ノススメ」が完成している予定です。とても楽しみです。

●地域講演会

（校区地域づくり協議会会員・地域婦人団体連合会会員など）「ほめあうまち　なかつ」「共に助け合う地域づくりについて」

参加された地域住民は、「菊池先生から学んだ『ほめて、認めて、励ます』をモットーに『共に助け合う地域づくり』に努め、『ほめあうまち　なかつ』に一歩でも近づくようにしていきたい」と感想を述べていました。

4 ふり返り(まとめ)

「喜んで登校、満足して下校」「行きたい学校」「帰りたい家庭」「住みたい地域」これは、研修のたびに菊池先生から紹介していただく写真に写っている言葉です。

この「ほめて　認めて　励ます」コミュニケーションは、お互い支え合う学校、家庭、地域づくりを行う中で、子どもたちの自己肯定感の育成と人権意識の高い市民の育成につながります。この中津市が大事にしている理念を本校三光地域から引き続き広げていきたいと強く感じています。

第3章

『菊池実践』を学校で活かす

1…【鼎談】学校全体で取り組む菊池実践

2…広島県広島市

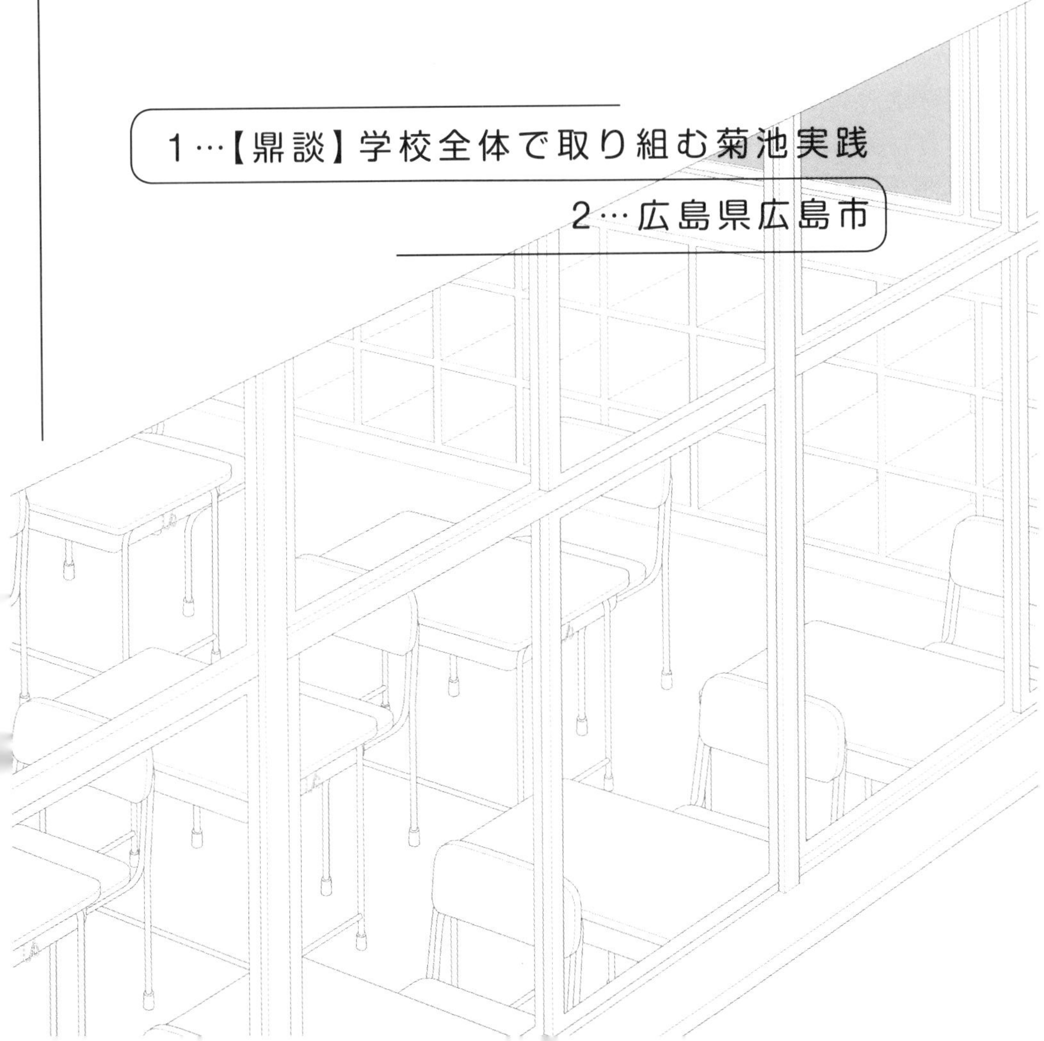

第３章

『菊池実践』を学校で活かす

1 【鼎談】学校全体で取り組む菊池実践

山本成利（山梨県中央市立田富中学校校長）
松田一郎（兵庫県西脇市立西脇中学校校長）
菊池省三（菊池道場道場長）

■菊池実践との出会い

菊池　最初に、お二人から、自己紹介をお願いいたします。

▲山本成利校長

山本　山梨県中央市立田富中学校の校長をしています山本成利と申します。今日はよろしくお願いします。私は、校長職３年めになります。今の田富中学校には、2020 年４月からお世話になっています。4、５年前に菊池先生が山梨県富士河口湖町に来られるようになった時に、素晴らしい先生が来られることを知り、初めてお話をお聞きしました。その話に感動して、昨年度まで道志小学校に勤務していましたが、学校経営・学校運営に力をお借りできないかとお願いし、ご快諾いただき、２年間で３回来校いただきました。師範授業をしていただいたり、研究会の講師を務めていただいたりしました。道志小学校は、全校児童が 50 人ほどの小規模校で、子どもたちはずっと単学級の中にいることで、固定した人間関係ができてしまっていました。どうしたら人間関係をよくしていけるだろうかという問題意識が強くあり、菊池先生の指導をもとにして解決していこうと取り組みました。富士河口湖町に菊池先生が来られるたびに何度も何度も通い、お話を聞かせていただいたり、質問をさせていただいたりしました。これまでに8、9回はお会いしているのではないかと思います。今年度（2020年度）、中学校の校長として今の学校に異動になりました。問題解決のため、再び菊池先生の力をお借りしながら、奮闘しているところです。

▲松田一郎校長

松田　兵庫県西脇市立西脇中学校校長の松田一郎です。よろしくお願いします。西脇市は、兵庫県の内陸部の人口4万人を切る小さな街です。生徒数が著しく減っていまして、少子化の問題を抱えています。私も、学習環境規模適正会議というものに参加していますが、学校の統廃合の問題などもあり、時代の曲がり角に差しかかっていることを実感する地域です。私も、校長職は山本先生と同じく3年めです。菊池先生は、6年ほど前から西脇市に来てくださるようになりました。2019年度より菊池先生には本市の教育スーパーアンバサダーになっていただきまして、毎年1週間、西脇学力向上ウィークを設けてご指導いただいている状況です。私自身の菊池先生とのダイレクトなつながりは、西脇東中学校という各学年1クラスの小さな学校で教頭を務めていた時にお越しいただき、師範授業をしていただいたり、若手教員の授業を見ていただいたりした時から始まりました。そして今年度、西脇中学校に異動になったところです。今年は、始業式も入学式も、本当にてんやわんやのスタートでした。4月、5月はほとんど休校で、学校が始まっても教員も生徒も全員がマスクをしていましたので、顔が見えず、転勤してきたばかりの私は、顔もなかなか覚えられないという前例のない始まりでした。子どもたちの辛抱に涙するような場面もあり、管理職として先生と生徒を守るということばかりに気持ちがいってしまっていましたので、今日のこの鼎談で何か話ができるだろうかと悩みましたが、せっかくの機会ですので、自分自身の学びのためと思い参加させていただきました。私は、学級担任のときから、地域の子どもたちの言葉が拙く、言葉の力が弱いということをずっと思ってきました。私は社会科の教員ですが、生徒たちは発表はよくするものの、教科書がきちんと読めないという場面に何度も出合いました。そんな経験の中で、言葉の力を何とかしたいと思っていたところですが、菊池先生の授業の中に大きなヒントがありました。「啐啄《そったく》の機」という言葉がありますが、それを菊池先生の授業の中で見ることができたのです。これを若手の教員に見てほしいと思い、転勤早々ではありましたが、菊池先生に今年度本校に来ていただき、学びの場をつくることができました。

菊池　ありがとうございます。私は、ずっと小学校の教員をしていましたが、今の環境になって、この数年間、中学校にお伺いするようになりました。中学校の教室の教壇に立つことは、若干の不安も当然ありましたが、例えば西脇東中学校は小規模の単学級で、生徒さんたちは大変素直でしたので、それまでの私の小学校での在り方というか、取り組んできたことが通用したと思っています。山本先生も、松田先生も、この春に赴任された学校は少なくない課題を抱えているということで共通しているようです。そういう中で、お二人とも、人間関係力あるいは人間関係が育っていけばよりよく成長していくということを信じて取り組まれています。また、言葉の力に立ち戻れば中学校の生徒たちも変わっていくと確信されています。本年度、大変な状況の中、学校も異動されたばかりでしたが、私に声をかけていただき、それぞれの学校にお伺いすることができました。学校では、ほめ言葉のシャワーをしたり、成長ノートについて話をするということはあまりなく、ハウツーの話ではなく、おおもとの人間関係力を育てようとか、価値ある言葉の力を育てようというお話をさせていただいてきました。そんなことが先生たちや生徒の皆さんにどう伝わったかなということはとても気になるわけですが、いただきました感想文を読むと、とても嬉しいことが書かれていて、ある程度はうまくいっているのかなと思っているところです。

■中学校における学校経営、学級経営の重要性

山本　先日、山梨県教育委員会が昨年度の生徒指導上の調査結果を発表しました。それを見ると、児童生徒の不登校の件数は、過去最多になっています。中学校では昨年よりも１割ほど増加をしました。今年は新型コロナウイルスの影響で５月末まで休校しました。夏休みを短くして対応したとはいえ、授業日数は昨年に比べはるかに少ないのですが、12 月時点で昨年の不登校の件数を超えてしまっている状況です。要因は、「無気力、不安」が一番で、次が「友人関係の問題」だと調査結果にはありました。私の勤務する学校は、全校生徒 401 名で、各学年４学級、特別支援が３学級あります。３つの小学校から入学してきますが、明るくて素直な子たちが多いです。外国籍の生徒が多く、ブラジル、ペルー、フィリピン等の生徒が在籍しており、多様な子どもたちが学んでいます。日本語教室で学ばないと日本語も分からない子たちも、一緒に生活をし、勉強をしています。また、一人親の家庭が多く、家庭環境の影響も考えなくてはいけません。私が校長になるときに、先輩の校長先生から「よい学校経営は、よい学級経営にかかっている。そこが大事なんだよ」と教えていただきました。「経営」という言葉をよく耳にします。昔から使われている言葉ですが、「人の世話をする」とか「人を育てる」という意味があるようです。「育てる」という側面で考えると、学級経営はまさに学級の子どもたちを人として育てるということかなと思い、よい学級集団に育てたいと考え、担任の先生方にもそのことをお願いしています。校長の仕事という観点で考えると、全校生徒一人ひとりを育てることはもちろんですが、これからはますます若い教員が多くなってきますので、情熱をもった、愛情あふれる教員を育てていくということが、校長である私の使命ではないかと思っています。菊池実践は、言葉で人間関係を築き、言葉で人間関係力を高めていくという視点が土台であると思っています。そして、普遍的な最も大切にしなくてはいけないところだと確信しています。菊池先生と同じことはできませんが、お会いしてお話をお伺いす

るたびにその価値に確信を深めています。私は、人間関係に苦しみ、不登校になってしまっている子どもたちに寄り添える教師でありたいと思っています。

菊池　中学校で学級づくりを一生懸命されているというお話は、正直私には衝撃的でした。私の中では、小学校では学級づくりを大事にするけれど、中学校ではそこまではないだろうなと勝手に決めていました。専科ですから学級の子どもたちと一緒にいられる時間は少なく、学級づくりといっても、そんなにはできないだろうと思っていたのです。ところが、全く違いました。松田先生も、校種関係なく、学校経営をされ、担任の先生を中心とした学級経営をご指導されていらっしゃると思います。今の山本先生のお話を聞かれて、どのようにお考えですか。

松田　私の地域でも、母子家庭や就学援助の数が増加していますので、地域の環境を背負いながら学校経営をすることになります。教師は、授業で勝負をするのですが、授業の基盤はやはり学級づくりではないかと思っています。私は恵まれていたのかもしれませんが、周囲の先輩の先生方の中に「学級経営オタク」のような方が何人もいらっしゃいました。

菊池　「学級経営オタク」というのは、本気の学びの集団づくりを大切にされているという意味ですよね。

松田　そうです。私が管理職になってから、いろいろなクラスに授業をしに行くと、授業のしやすい学級と、ちょっと授業を進めるのがしんどいなという学級があります。学級経営力が顕著に現れるものです。学びの集団づくりを大切にされている先生の教室の素晴らしさは、肌で体験してきています。さらに広げて、クラスだけでなく、生徒会活動を通して学校づくり、集団づくりをされている先生もいらっしゃいます。

菊池　松田先生は、学校づくりの手段として「学校通心『心』」を出されていますが、そのことを紹介していただけますか。

松田　私は、生徒指導を担当していた頃から「学校通心」を作っていました。教頭時代はできませんでしたが、校長になったところで学校づくりのためにできることは何だろうかと考えて、やはり「学校通心」を出すことかなと思い、発行を始めました。表面は、私からのメッセージです。、担任の先生方が日記指導をしてくださっていますので、裏面は子どもたちの日記を抜粋して掲載しています。このスタイルでほぼ毎日発行しています。子どもたちの日記を掲載しているとちょっとずつですが化学反応のようなものが起こってきます。「読みましたよ」と子どもたちから直接言葉をもらったり、保護者が感想をくださったりするようになってきました。毎日出していますと、こちらはそこまではあまり意図していなかったのですが、「通心」を読むことで今校長が何を考えいるかが分かるということで、先生方へのメッセージにもなってきているようです。そうなると、子ども、家庭、学校の中で世論のようなものが形成されてくるのを感じます。子どもたちの日記は、「正しい意見」のものを載せますので、それをほかの子どもが読めば、「ほかの生徒はこんなことを考えているのか」と共有ができ、保護者も教師も読んで世論が形成されていくと、ひとまとまりの集団づくりになっているように感じています。今年は、生徒指導担当の校長でもありますが、先日の担当者会議で、本校の生徒指導担当が会議の場で「今年大きく変わったことは、学校長が毎日『通心』を出していまして…」と報告をしてくれていて、じわじわとよい方向に向かっとているかなと思っています。

※「学校通心『心』」の実物は、次ページと次々ページを参照してください。

菊池　今年、西脇市にお伺いした際に中学校１年生の授業を見せていただきました。そのときに「菊池先生もそこに座ってください」と言われて、空いている生徒の椅子に座り、子ども役をしました。その時に、子

西脇市立 西脇中学校	心	令和２年（２０２０年） １０月２６日 **第１０２號**

ひとりひとり違って生まれる・・・　ひとりひとり違っていい。【菊池省三先生の特別授業】

【１年生の感想より】

★菊池先生、今日は西脇に来てくださり、１の１だけ授業をしてくださり、本当にありがとうございました。菊池先生の授業は、とても深みがあり面白くて楽しかったです。みんな様々な個性があるというのは良い事だと思いました。僕は、菊池先生の授業を受けるのは３回目だけれど、今までより倍楽しかったです。今日は来てくださって本当にありがとうございました。またいつでも西脇に来ていただいて、僕たちに授業をしてください。楽しい授業を待っています。

★今日、１時間という短い時間でしたが、たくさんのことを学べたと思います。「ひとりひとりが違っていい」この言葉がすごく心に残っています。いつも、あまりしゃべらない友だちと話し合ってみると、「こういう考え方もあるんだ」とすごく考えが広まり、深まりました。今日は、本当にありがとうございました。

★すごく楽しかったです。いろいろな意見に共感していただけて嬉しいです！素早く「なぜっ？」と聞かれるあたりが、さすがだなと思いました。私は、あまり意見を言わない方なので緊張していましたが、クラスの子と意見を言い合えたので、安心して自分の意見が言えました☆　テーマが「いじめのことについて」なので、難しいかなと最初は思っていたのですが、クラスの子の意見と自分の意見を比べたりできたので、良かったです！

★授業を受けて、すごく楽しめました！みんなの意見を聴いて共感できたり、「あ〜、確かに！」と思えることができたからです。一人ひとりに違いがあるからこそ、この社会は成り立っていると思います。みんな同じ「ロボット人間」だと、考えることも出来ず、議論も出来ないし、面白くありません。違いがあるからこその社会です。こんなに深く考えられたのは初めてで、すごく面白かったです😊ありがとうございました。

★始めに入って来られる時、前も菊池先生の授業を受けたことがあるのですが、必ず拍手をしていて、とても楽しそうに入って来られます。とても、盛り上げ方が上手いなと思いました。一人ひとりの発表の時、「うん、うん」や「そうだねぇ」などの声かけをしてくださっていて、とても良い人だなと思いました。改めて、菊池先生の授業を受けて良かったなと思いました。たくさんの色んなことを学んだし、考え方も、色んなことを考えられたので面白かったです。ありがとうございました。

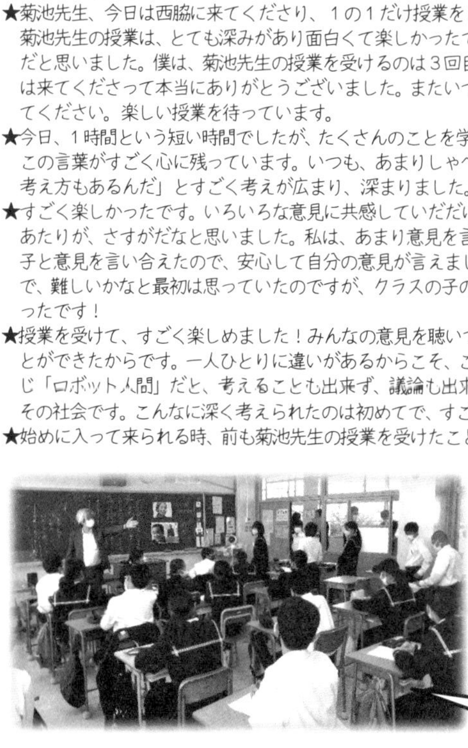

菊池先生特別授業のようすです。

【菊池先生特別授業☆１年生の感想】

★いつもは思いつかない、おもしろい意見が言えたので、自分は成長できたと思います。いろいろなことにも頭を使えたので、いつもとは違う発見や感じたものが人それぞれにあったと思います。今後のクラスの課題も、たくさん見つけることができました。あと、自分が紙に書いたことを見て言うのじゃなくて、「その時、その瞬間で思ったことが話せた」ので、自分も一歩成長できたと思います。その一歩は、今後本当に大切　なことにつながると思います。５０分、貴重なお時間を本当にありがとうござ　いました。

★今日はありがとうございました。楽しくて、いじめのこともたくさん学ぶことができました。「差別が起こるのは、個性があるから」ということも分かりました。みんなが同じ形ではつまらない。一人ひとりの考えることが違うからいじめが起こってしまって、それぞれの考え方が少し変わればいじめは起きないという事を考えることができました。

★今日、授業をしていただいて、とても楽しかったです。一人ひとり違いがあるのはとてもいいこと。でも、それで「いじめ」が起きることはとても悪いことだと思いました。「いじめ」が無くなることは、みんなが目指しているところでもあると思います。まずは、菊池先生の授業を受けた１年１組が意識をして、なくなっていくといいと思いました。

★友だちと意見交換するときに、はじめは普通に、次に男女関係なく、そして質問するという順番でレベルが上がっていくのがスゴイと思いました。そして、どんな意見も大切にしなければいけないのだと思いました。また、菊池先生の授業を受けたいです。

★いじめは、どうしても起こってしまうものなんだと思いました。個性があるから起こってしまうことだけれど、「この子、イヤだなぁ」って思っても、考え方を少しでも変えるといじめまでにいかなかったり、その子のことを良く見ることができたり、61万2496件のいじめも、考え方を変えることで、より生活が楽になるんじゃないかなと思いました。

★樹木希林さんの意見を見せていただいた時に、すごく奥が深く興味深かったです。すごく納得しまし　た。みんなで話し合えたので楽しかったです。みんなの意見が色々とあって、これが「個性」と改めて思いました。菊池先生のことは、正直、あまり知らなかったんですけれど、とても楽しく、色々なことを知れて、とっても短く感じる一時間でした。本当にありがとうございました。希林さんのことを改めて教えてもらうと、いじめの文章の中身がとても深く考えられる内容で、本当にスゴイ人だなと思いました。この機会に知ることができて良かったと思います。

★樹木希林さんのことは「万引き家族」の女優さんという　ことしか知らなかったけれど、いじめのことで、あんな手紙をだしておられたとは驚きました。授業はとても面白かったです。指は折れませんでした。「マスクの下は笑顔」という言葉は、ずっと覚えておきたいと思います。樹木希林さんの書かれたこととは少し違う僕の答えが僕の答えには多かったです。あと、菊池先生が言われた「いいこと」と言って握手をしていただいた理由も覚えておきたいと思いました。

授業の後で実施された授業づくり研修会です。先生方も真剣に学び合う大切な機会となりました。菊池先生ありがとうございました！

どもたちのプレッシャーって相当すごいなと改めて思いました。周りに見学に来た大人がたくさん立っていて、関係性がもともとない状態だったとしたら、先生が発する問いに対して、教室の友達がどんな答えを思い、何を考えているか分からないという不安は、とても強いと感じたのです。子どもたちはそういう気持ちの毎日を送っている状態の中で、松田先生が毎日「通心」を出され、そこに友達や先輩・後輩の気持ちが書かれていて、学校の世論というかみんなの意見を知ることができるということは気持ちの安定に相当つながっていくのではないかと思うのです。職員の先生方に戦略的に方針も示されているわけです。山本先生も、工夫をされていることがあるのではないかと思いますが、いかがでしょうか。

山本　松田先生のお話を聞いていて、本当に頭の下がる思いです。私が発行している学校だよりは、菊池先生のことをご存知ない先生方もいるので、菊池先生のお考えや言葉を小出しに紹介させていただいています。教職員向けの校長室だよりでは、自分の考えている理想の学校の姿などをお伝えしてきました。職員室には自分より年配の先生方もいらっしゃるので、若い先生方が意見を言いやすい環境をどうつくっていくかを考えています。今年度、私が異動した際に、私を含め、教頭も教務主任も総入れ替えになりましたので、一から新しくつくる気持ちで、風通しよくみんなが気軽に意見を出し合えるような職員室にしようと考えて取り組んでいます。先生方の様子は、結局子どもたちにすぐに反映しますから、明るい職員室をつくることを心がけています。菊池先生が大切にされている人間関係は、教員についても全く同じことが言えると考えています。今勤務している市は、私は初めて赴任した自治体で、異動が決まった時には、周りも驚いていましたが、私自身、これまで勤務したことがない市や学校への異動で、菊池先生をお呼びできるかどうか見通せない中でのスタートでした。

※「学校だより」の実物は、次ページを参照してください。

学校だより
NO 13
R2 12/8

青雲の志（こころざし）

校訓　誠実

学校教育目標
豊かな心を持ち，たくましく生きる生徒の育成

中央市立田富中学校
編集　校長　山本成利

ほめること・認め合うこと　菊池省三先生の特別授業より

師走とは旧暦（陰暦）12月のことです。昔は正月にもお経をあげていて，師匠である僧侶がお経をあげるために東へ西へと馳せることを意味する「師馳す（しはす）」が転じたものだそうです。

さて，11月27日（金）に全国的に著名な『菊池省三』先生をお迎えしての校内研究を行いました。ここで改めて菊池省三先生を紹介します。菊池先生は北九州市でいわゆる『学級崩壊』をおこしたクラスをことごとく立て直し，そればかりか見事に子どもたちを成長させ，卒業させていった先生です。その手腕は九州地方のマスコミで話題となり，やがて東京のNHKが『プロフェッショナル仕事の流儀』で取り上げ，全国に情報発信しました。これが大きな転機となり，民放各局にも『たけしのニッポンのミカタ』『世界一受けたい授業』など次々とその実践が取り上げられました。どんどんメジャーになっていき，全国から講演や研究会の講師要請で，ひっぱりだこになりました。やがて菊池先生は土日も有給休暇も使い果たす生活となり，2015年３月に学校を早期退職。現在全国を行脚しながら，自分の考えや想い，スキルなど全国に提唱しています。今年度はコロナのための臨時休校で少し回数が減りましたが，例年だと年200回以上の講演をこなしながら，小学館の雑誌や読売新聞の全国版などにも連載をもっていらっしゃいます。著書は多数で現在も次々に出版されています。ものすごい過密スケジュールをこなしている売れっ子先生です。この菊池先生がスケジュールをやりくりして，私たち田富中学校のために来校してくださいました。

27日の2校時は１年１組で，３校時は２年３組で，そして4校時は３年３組で，菊池先生自ら道徳の授業をしていただきました。本校の教職員だけでなく，中央市内の小中学校の先生方にも声をかけ，その示範授業を参観させていただきました。今，全国で“ひっぱりだこ”の菊池先生の授業を，「世界で一番受けたい授業」を受けることのできる幸運！３つのクラスの生徒は，菊池先生の温かくほめて認めてくれる言葉がけに，意欲的に，主体的に授業に取り組んでいました。放課後は先生方（市内の小中学校の先生方も一緒に）との研究会を行いました。ここでも私たち教職員に素晴らしい学びを提供してくださいました。「人に認められることも人を認めることも喜びになる」「いい人間関係があれば自分の考えや価値観を交流できる」そういう学級を，学校をつくっていくことの大切さを改めて学ぶことができました。情報ツールあふれる時代に生きる子どもたちに，自分に自信を持ち，互いに協力しながら「自分らしさ」を大切にし，しなやかにたくましく歩んでいく力を身に付けさせるためには，具体的にどうしていったらよいかを学ぶ貴重な機会となりました。これからの指導へ活かしていきたいと思います。

<生徒の感想>

☆とても自分のためになったし，この話を聞いてこれまでの自分の行動はよくないと改めて感じました。男女問わず，みんな平等に接して，これからのクラスがもっとまとまっていくといいなと思います。卒業してもみんなで集まることができるような最高のクラスにしたいです。ありがとうございました。（3年3組）

☆今日は遠いところから私たちのために来てくださりありがとうございました。仲間に自分の考えを発表するときには，ひとりになってしまう時があったけれど，菊池先生の「自分から誘う。ひとりをつくらない。」という言葉を聞き，自分から仲間を誘ったり，ひとりの人に声をかけることができました。今日のことをきっかけに自分の殻をやぶり，勇気をだして友達をたくさんつくるようにしたいと思います。（3年３組）

菊池　「新しい年度がスタートして新しい学級を受け持ったときに、出会った子どもたちの様子を見て、気になる子どもがいたとしても、ある時期はスルーして、指導方法を工夫しながら時間がかかることもあるだろうと覚悟して、でも周りが変わっていけばその子も変わるということを信じて焦らずにやっていこう」というようなことを、今の自分の立場で先生方にお話しすることがあります。ただ、言うのは簡単ですが、松田先生も、山本先生も、課題の多い学校であったとしても、丁寧に丁寧に職員の声を聞きながらまとめられている姿は本当に素晴らしいと思います。中学校はどうしても学年団としての固まりや、教科の専門性などが壁になって意思統一しにくいことも小学校以上にあると思いますが、信念をもって取り組まれている姿に感動します。

■チームとしての教員集団づくり

松田　4月の第1回の職員会議でお話ししたことは、学校経営、学級経営と「経営」なのだから、黒字・赤字という視点で考えみてください、ということでした。もちろん黒字にしたいわけですが、何をもって黒字と言うかが問題です。私は、「生徒からの信頼、保護者からの信頼、地域からの信頼、この信頼という基準でどうだったか、昨年度のことをふり返ってみてください。そして、今年度はみんなの力でチームの力で黒字にしていきましょう」と話しました。もう一つは、中学校には学年という文化がありますが、その「学年セクトをなくしましょう」と話しました。西脇中学校も、以前は各学年10クラスずつくらいある大きな学校でしたが、今はそんな規模ではないのですから、学年を超えて、全員が全学年の担任のつもりで取り組んでいきましょう、ということです。どうしても、自分の学年の生徒のことについて口を出してくれるなという意識がありますが、それをなくしたかったのです。現在では、学年セクトの壁は大分突破できたのではないかと思います。

山本　今の子どもの特徴として「自信がない」ということがあると思います。自己肯定感や自己有用感みたいなものです。この向上をめざして、山梨県教育員会は、指導の重点をまとめた文書を出しています。知・徳・体など５項目ぐらいの重点が示されるのですが、今年度それらを貫く一番下の土台として「学級づくり」が入りました。ベースはそこというのが私の考え方ですから、私がめざす方向が確信に変わりました。赴任当初、研究主任に言って、研究の柱に学級づくりの項目を入れてもらいました。学級集団がよくなければよい学びは成立しないし、対話をするには本音で語れる集団でなければ話にならない、人間関係がベースだとの思いを、先生方にお伝えしました。菊池先生はそこを大事にされてきたと理解しています。菊池実践に正面から取り組んでくださっている先生もいて、ほめ言葉のシャワー、成長ノート、そして価値語の３つを私たちは「三種の神器」と名づけて、学級づくりに活用しています。人間関係をしっかりとつくるための、学級づくりの土台をつくるためのものだと私からも強く訴えています。その上に、班活動とか話し合い活動などの柱を立てて、活動を仕組むことで、授業や行事を通して、生徒に自治の力がついていくと私は思っています。

菊池　ありがとうございます。学校づくりは、中学校は小学校とは違う大変さがあるだろうと思っていましたが、その中身が具体的に分かりました。本当にその通りだなあと思いました。今、三種の神器というお話がありましたが、授業を進める基盤としてよい人間関係が必要で、それをつくっていくことが大切だということは、これは小学校だろうと中学校だろうと関係なく同じだろうと思いました。山本先生の学校で授業をさせていただいたときの学級担任の先生の感想をいただきました。「担任として、生徒たちに『もっと開放的になってほしいな』そんな思いを抱いていました。一方で、今回の授業のように誰とでも分け隔てなく交流することに踏み込めない自分がいました」と書かれていました（第１章p.３８参照）。授業の中で子ども同士の関係性をつくっていくとか、一人ひとり違う個性を出し合ってそれでみんなで高めていこうというような授業がなかなか成立しづらいですね。受験の問題もあるかも知れませんが、改善の視点として研修会などでお話しさせていただいたように「挙手－指名－発表から脱却しましょう」「少人数の話し合いを大事にしましょう」の２つを挙げていますが、生徒さんからいただいた感想（第１章p. ３９以降参照）を読むと、そのことを子どもたちが理解し、その授業を喜び、学びに意欲をもっていることが分かります。本当に嬉しい気持ちになりました。私自身、そのような授業しかできませんが、改めて今言った２つが、授業改善の肝ではないかと思っています。

松田　若い先生に菊池先生の授業を見て学んでほしいと思っているポイントは、先ほど述べた、教師と生徒の間の「啐啄の機」のやりとりです。ひなが卵の内側からつつき、親鳥が外側からそのタイミングに合わせてつつくことで卵の殻が割れてひなが無事孵ることができる。子どもが伸びようとしているタイミングで教師が子どもに適切な声をかけることで、グンと成長する。剣道では間合いが大切ですが、菊池先生の授業では、教師と生徒の間合いが素晴らしいといつも思っています。剣道にたとえて言うと、私たちから見ると子どもが打たされているのが分かるのですが、子どもからすると本当に満足して打っている様子が伺えます。引き立て稽古ですね。本当は身近な私たちが若い先生の範となればよいのですが、代わりに菊池先生に示していただき感謝しています。

菊池　いただいた子どもの感想の中に「何かいいことを言ったような気になりました。ありがとうございました」というのがありまして、これは、今松田先生がおっしゃられたようなことを言っているのかなと思いました。どうしても一方通行の教え込もうとする授業になってしまいがちです。少し遊ぶというか、間合いを楽しんで、一人ひとりの違いを引っ張り出すということを自分は意識しているのかなと思います。

山本　私はバレーボールをしてきました。その切り口で言うと、菊池先生は素晴らしいリベロ（バレーボールで、レシーブ専門、守備だけに特化したポジション）だと思っています。どんなスパイクでも、どんなサーブでも、強かろうが弱かろうが、拾ってセッターに素晴らしい球を供給し、つないでいくというイメージです。セッターやスパイカーが気持ちよくプレーできるようにしてくれます。菊池先生の授業では子どもたちが生き生きと活動し、どんな発言も先生がリベロのように拾い、認め、つないでくれます。本当にすごいなあと思います。今年来ていただいた時もまさにマジックで、子どもたちが生き生きと頑張るんですね。担任の先生は、「見たことがない表情だった。前向きで主体的な姿勢で授業に臨んでいました」と言っていました。授業のあと、菊池先生からは「もともと生徒たちには力があるんじゃないですか」と言っていただきましたが、私たち教師がそれを引き出すまでにまだ至っていないのかなと思いました。子どもたちは、どんどん伸びる可能性があります。一方で、先生方にも伸びしろがあるという思いは大切にしたいと思います。そんな学びを経て、「三種の神器」の取り組みを始めたクラスも出てきました。価値語やほめ言葉のシャワー、成長ノートなどに取り組む学級が出てきまして、おかげさまで少しずつよい方向へ変わってきているところです。また、いろいろな先生方から「職員室の雰囲気が随分柔らかくなりましたね」と言っていただいています。

■学校は、何をするところか？

菊池　学校で学力をつけることは当然大事ですが、学力以外にどんなことを指導するのか、どんな子どもを育てるのかということがなかなか語られなくて、どうしても目の前の受験に気持ちがいってしまい、おざなりになってしまっている部分があるのではないかと思います。そもそもの学力を上げるためにも、それ以外の大事な部分にもう少し力を注ぎませんかということを言っているつもりです。そうしたことを大切にされている松田先生やを山本先生は、取り組みの向こう側にどんなゴールイメージをもたれているかお話しいただけますか。

松田　究極的な目標は、生徒同士、教師同士が、夢と志を語り合えるということです。本校の学校目標に「立志」という言葉がありますが、夢と志を語り合える学校にしていきたいですね。では夢と志のある学校をどのようにつくっていくかというと、私は社会科の教師ですが、社会科で社会科を教えるというよりも、社会科で育てるということを考えています。剣道では、もちろん剣道を教えるのですが、剣道を通して生き方や夢を伝え、そして人間形成をめざす部分を大切にしたいのです。先ほど間合いのことを言いましたが、「①絶妙の間合い　②打つべき機会　③技の選択」という剣道で学んだことを、菊池先生の授業の中で再び学んでいます。教師と生徒の間合い、言葉を発する機会、そして言葉の選択ですね。

菊池　1つの学びは、ほかの学びにもつながっていくはずで、そうでないと変な教科のセクト主義的な発想になってしまうと思います。

山本　私は、学校だよりを通して、「公社会に通用する人間を育てる」ということを訴えています。先生方や保護者の方にもご理解いただいて、一緒に頑張っていきましょうとお伝えしています。子どもたちが、10年後、20年後の自分たちの姿をイメージして、そのために今何が必要かということを考えられる人になろうということです。先日、自己認識を正しくするにはどうしたらいいのだろうという話を先輩の校長先生方としていました。それは、「自分を省みる」ことと「他者からのフィードバック」の2つが必要だということになりました。「他者からのフィードバック」は、まさにほめ言葉のシャワーみたいな形だと思います。本音で語り合えるクラスや職員室をつくりたいですね。

■コロナの時代の学校

松田　コロナ禍の中、新年度がスタートしましたので、歓迎会も行えず、例年のようには人間関係が築けず、雑談が職員室にない状態の期間がありました。仕事に関係ない話でも何でもいいんですが、雑談をしておかないとなかなか仕事も頼みにくく、連携がつくりにくかったですね。チームになるのにしばらく時間がかかりました。夏休み前までは、授業だけを延々とやっていましたが、9月の体育祭から規模を縮小して行事を復活させました。中体連の大会も縮小して行いました。文化祭もなんとか縮小で開催しました。万全の態勢で臨み、クラスターの発生もなく無事終えることができましたが、子どもたちの表情が授業ばかりしていた時とは明らかに違っていて、行事のもつ力を改めて感じました。行事に向けて対話が活発になっていきました。大人も子どもも、雑談が大事だという気づきがありました。

山本　そうですね、子どもたちは行事を通して自主的な力をつけていきます。今年度、本校は縮小版の学園祭を工夫して行いました。生徒会役員の生徒が「コロナ禍のなかで、新しい形の学園祭をやろうと言ってくれた先生と、協力してくれた全校生徒に感謝したい。思い出に残る最高の学園祭になった」という素敵な言葉を言ってくれました。機会を十分につくってあげられたら、もっと成長することができたのではないかと思うと、本当に申し訳ない気持ちになります。しかし、生徒からのこのような言葉を聞くと、先生方と苦心したことが報われた気がしました。

菊池　先ほども申し上げましたが、学力以外に何の指導をするかと考えたときに、松田先生がおっしゃられたような生き方教育や、山本先生がおっしゃられた10年後、20年後の自分たちの姿をイメージするような人としてどうあるべきかという教育。こういうことを私はきちんと指導すべきではないかと思います。学力も受験も当然大事だけれども、偏り過ぎていると思います。職員室でも、教員同士で、子どもたちの生きる力とか、生き方ということについて、人間としてお互いに関わっていくということが必要なのではないかと思います。1週間ほど前に、学習塾で授業しました。中学生と高校生が30人くらい集まって1時間の授業をしました。その中で、子どもたちの空気が変わった瞬間がありました。それは、学校に行って授業をした時に黒板の左の方にほぼ書くことですが、「一人一人違っていい」と書いた時です。「違い」というとその前に「間」という文字が入って「間違い」となることが多いけれど、「違い」は「自分らしさ」ということで「間違い」とは違うよね、という話をしたときに空気が変わったのです。私たち教師も、職員室の中で違ってはいけない、違いは間違いだということが普通の空気感になってしまっていないでしょうか。職員室で気軽に雑談ができなくなってしまいます。そんな職員室にいる教員がする授業は、間違いを生み出さない正解主義のものになってしまうわけです。受験があるとどうしても正解に辿り着かせなくてはいけないということが中心になってしまいますが、そちらに行き過ぎてしまうところがあるのかなと思います。最後に、「今後、こんなことに取り組んでいこう」という夢や思いをお話しいただけたらと思います。

松田　子どもたちに最近よく言うのは「コロナの時代だけれども、君たちは将来『コロナ世代』と呼ばれ、コロナ世代だから仕方がないという大人になるのか。いや、違う。前例のない時代を乗り切って、新たな時代を創った大人になろう」ということです。子どもたちに歴史に名を残す人間になってもらうために、今の時代に生きていることに誇りをもてるような人間に育ってもらえるように、頑張っているところです。

山本　何でも中止するのは簡単です。いろいろなことを「コロナだから…」「コロナが心配だから」と言い訳をしている大人の背中を、私は子どもたちに見せたくないと思っています。ひょっとしたら子どもたちは、これから先もこういう経験をするかもしれません。変化の激しい時代を生きていかなくてはなりません。その時に、今私たちが必死に子どもたちのために頑張っている姿を参考にしてもらいたいし、そういう大人のモデルでいたいなと、先生方にお話をしています。そして、そのためには、私たちはこれからも学んでいかなくてはだめだという話も繰り返ししています。何がよくて、何がだめなのか分からない時代です。どちらの道を選んでいいかも分からない時代です。先生方と力を合わせ、豊かなコミュニケーションを大切にしながら、これからも子どもたちのために、少しでもよい学校にしていきたいと思っています。

松田　中学校で思春期の３年間を過ごす子どもたちは最高です。校長になって初めて臨んだ卒業式で、卒業証書を渡した時、校長になってよかったと思いました。正面で子どもと向き合ったときに澄み切った眼を見て感動したのです。足が震える思いでした。私はその感動を若い先生たちに伝えました。「みんな校長になれよ」と。自分も、若い人たちが校長になってみようかと思える校長でありたいと思っています。

山本　おっしゃる通りです。私たちが元気で楽しくしていることが大切です。何かあった時には責任を取るのが校長ですし、その覚悟がなければ何もできないですから、楽しんでやっていきたいですね。

菊池　また先生方の学校にお伺いできる日を楽しみにしています。

※本鼎談は、オンラインで行われました。

第３章

『菊池実践』を学校で活かす

2 広島市公立中学校での取り組み
安心安全な学校をめざして

元広島市公立中学校校長　河内　琢爾

1　はじめに

平成24年度、新任校長として赴任したＡ中学校は授業中の徘徊、暴力行為、校内や地域での器物損壊等の問題行動が頻発している学校でした。２年前まで規律があり落ち着いていると見られていた学校がなぜ、1年で急速に荒れたのでしょうか。６年間の取り組みを「信頼」をキーワードにふり返ります。中学校の所在地は広島市の北部のベッドタウンにあります。住宅と農地が混在し、農村風景が随所に残っている地域です。全校生徒約300名、教職員約20名の市内では中規模校です。

徘徊する生徒たち

赴任して２度めの春のことです。「先生お世話になりました」転勤する元担任へお礼の花束を持ってやって来たのは徘徊していた生徒たち。そして、それからさらに１年後のある日、「職場で臨時収入がありました。焼肉を食べに行きませんか」と、生徒指導主事に電話をしてきました。指導に従わず廊下を自転車で走り回っていた彼らが成長した姿で帰ってきたのです。「自分たちが教室の外で給食を食べていた時、自分たちのところへ来て、一緒に弁当を食べてくれた先生のことを思い出す」「その頃は反発したけど、今思えば先生たちの言うことが正論だった」「なんであんなことをしていたのだろうか」「中学校時代に戻りたい懐かしい」と、穏やかに話をするのです。今まで取り組んできたことに間違いはなかった。その時の先生方の笑顔を忘れることはできません。

2 急速な「荒れ」が全校に広がる

着任する前年度の状況をふり返っておきます。新学期が始まると生徒指導事案が増え、9月以降、２・３年生の多くの学級で授業が成立しない状況となりました。

当時の様子を「平成23年度生徒指導記録」より一部抜粋します。

「生徒が授業中の他クラスに乱入、教科担任により教室から出されたが、外から窓ガラスを割り再度侵入する。職員室内で指導を受けていた生徒が激高し、いすを投げつける。その後、事情を聞こうとした教師に対しその場にあった棒や拳で殴る、蹴るなどの暴行を加える。職員室（2階）に花火を打ち込む。花火は職員室内で破裂し、床の一部を焼損させる。教師の指導に対し興奮した生徒がいすを持ち上げ、教室の窓ガラスを割る。２階３階校舎に投石し教室の窓ガラスを割る」等です。多いときには男女合わせて20名あまりの生徒が徘徊し、年間のガラス修繕費が96万円を超えました。土足で校内を徘徊する生徒たちが平然と廊下につばを吐き、吸い殻やゴミを捨てるため校内の至る所が汚れ、清掃や修繕が追いつかず校内環境がさらに悪化しました。

3 学校の「荒れ」により何が起こったのか

① 生徒への影響

生徒たちの規範意識が低下し、日常的に菓子の包装紙やゴミが校内に捨てられるようになりました。また、授業中の私語、不規則な立ち歩きそして、紙飛行機を飛ばすなどの授業妨害が常態化し、それらを指導する教師に対する暴言や指導無視も頻発しました。荒れが広がると共に不登校生徒が増えました。

② 教育活動への影響

生徒集団を指導することへの不安から学校行事を縮小することになりました。その結果、体育祭は午前中のみ、文化祭は学年ごとの開催、全校朝会など全校生徒が集合しての行事を全て中止することとなりました。このことが生徒や保護者のみならず地域の信頼を失うことになりました。校内の施設や物品に対する損壊を防ぐため、廊下の掲示物やコンセントの撤去、消火器の室内への移動を行い、殺風景な校内となりました。

③　生徒・保護者の強い不信感

問題行動を繰り返す生徒の保護者から「学校はこれくらいのことで警察に子どもを売るのか」「指導した先生の対応が悪い」など指導に対する反発が強まりました。一方で、ほかの生徒たちから「先生たちは荒れている生徒たちには対応が甘く、自分たちには厳しい、不公平だ」「先生たちは自分たちのことを分かってくれない」など、教員の指導に対して多くの生徒から不満の声が上がるようになりました。

④　教職員の苦悩

これまで強い生徒指導を担ってきた先生方をターゲットに生徒たちによる執拗な嫌がらせが続き、強い心理的なストレスとなりました。校務や教材研究に充てられるべき時間の多くが校内巡回や生徒指導に費やされたり、家庭訪問や保護者対応、地域での迷惑行為への対応で帰宅が深夜になったりする日々が続き、心身共に疲弊することになりました。教員が最も苦悩することになったのは、日々の生徒指導に対するジレンマです。頻発する問題行動に対する保護者、地域からの「先生たちが生徒たちを押さえられないから荒れているのだ、もっと強く指導してほしい。そして、具体的な改善策を示してほしい」との要求に押され、学校は「強い指導」による対応策を示さざるを得なくなります。そして、その都度対応策を決めるのですが、これらの対応策が実行不可能であることを一番分かっているのは教員たち自身でした。

4 なぜ急速に「荒れ」は広がったのか

２年前まで整然と活動し、生活規律が定着して落ち着いていると見られていた学校が１年あまりで急速に荒れたのはなぜでしょうか。そして、一部の突出した生徒が暴走するだけでなく、生徒集団をコントロールできなくなるような全校的な荒れに至ったのはなぜでしょうか。

赴任後しばらくして見えてきたのは、生徒指導態勢の課題でした。A 中学校では一部の教員を中心に、強い言葉や態度による生徒指導が行われ、他の教員はそれらの生徒指導を容認していたという実態です。日常的に頭ごなしの指導や威圧的な言動、数名の教員が生徒を囲み強い指導が行われていたのです。

「自転車通学者に対するヘルメット着用の校外指導を生徒は『ヘルメット狩り』と呼んでいた」(教職員から聞き取り)

「軍隊のような規律のある学校ですね」(出入りの業者談、事務職員から聞き取り)

「先生方が生徒指導場面で強く怒ることが気になっていた」(元校長から聞き取り)

「中学校では、先生からいつ怒られるかと、ビクビクしながら生活していた」(教育実習中の卒業生から聞き取り)

「強い指導の中で教師と生徒の間に不信感が生まれ、マグマのように溜まった」(教職員から聞き取り)

等の証言から当時の様子がうかがえます。

それぞれの情報から推測される荒れに至る経緯はこうです。学校の強い指導に対して多くの生徒が不信感を抱くようになっていました。そうした時、一部の生徒が突出した問題行動を起こすようになりますが、強い指導を行っていた教員が転勤により徐々に減ったことで、教員と生徒の力関係が拮抗し、次第に生徒が教員を乗り越えるようになったのです。そしてついに、「生徒が荒れても先生は押さえられない」と、生徒たちが認識するようになったことで、学校への反発が表面化したのです。当然、学校も該当生徒たちに別室で反省を促すなど特別な指導を行いましたが、指導の場とはなりませんでした。指導をさらに困難にしたのは管理の難しい A 中学校の特殊な構造です。校舎とグラウンドの間に敷地を分断する形で自動車が通行する公道があるのです。校舎からグラウンドの移動には校門を出て、横断歩道を渡らなければなりません。また、グラウンドの一部にフェンスがないため、公園のように誰でも自由に出入りできるのです。

5 信頼関係をつくるために

赴任当初のこと、ある生徒に「おはよう」と声をかけ、目を合わせようとした途端、生徒の目がつり上がることがありました。改めて「おはよう」と声をかけるとやや穏やかな表情になり「ああ」と返事を返してくれたのです。一瞬表れた表情は明らかに「教員＝敵」のサインでした。

平成24年度のスタート当初、十分に状況分析はできませんでしたが、生徒たちの学校への強い不信感を感じたので、荒れの克服にはまず、生徒との信頼関係の構築が急務であると考え、生徒指導主事の具申をもとに当面の生徒指導方針を提案しました。

取り組みのキーワードは「信頼関係の構築」です。教職員と生徒・保護者、学校と地域、教職員間、教職員と管理職との信頼関係を再構築し、1日も早く安心安全な学校を取り戻すことが我々のミッションとなりました。

6 取り組みにあたって教職員が共有した4つの指針

①生徒の目線に立ってコミュニケーションを図る
②生徒に寄り添う生徒指導を進める
③頑張っている生徒のよい行動をしっかりと見取り、評価する
④生活のルールを守れない場合の指導は粘り強く、触法行為への指導は毅然と進める

４つの指針に基づき以下の具体的方策を決定しました。

①教員によるあいさつ運動と丁寧な保護者対応を進める（生徒の成長の姿を積極的に伝える。教員が教室で生徒を迎えられる態勢を整えるため職員朝会を廃止する）
②生徒指導では、問題行動を起こした生徒にもしっかりと話を聞く姿勢を大切にする（生徒によるふり返り→反省→改善への意欲のステップ

を意識した指導を進める）

③生徒指導対応ではできるだけ家庭訪問をすることとし、対面でコミュニケーションを図る

④授業時に２名の教員が巡回し気になる生徒に声をかける

⑤一部の生徒の問題点を全体に指摘し、指導するのではなく、よい行動を積極的に評価する

⑥生徒のよい情報をしっかりと共有する

⑦担任、生徒指導担当だけに生徒指導を任せない

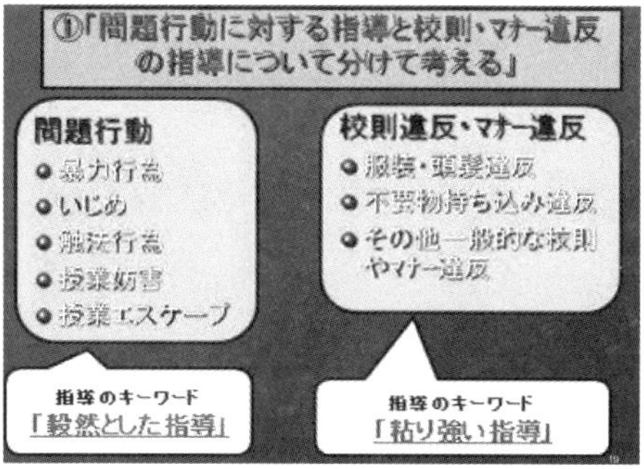

生徒指導校内研修資料より

さらに、教職員と協議の上、安心安全の確保を前提として、前年度縮小した学校行事を本来の形に戻すこととしました。

７ 回復への道

多くの生徒たちはうつむき加減に無言のまま校門を通過しました。教員の挨拶だけが響く日々。校外学習で校門前を通過した小学生が徘徊している生徒たちをあきれた表情で眺めていることもありました。先が見通せない中、日々発生する生徒指導事案に一つ一つ対応し、外部からの厳しいご意見には、お詫びする日々が続きました。生徒指導主事は教職員に対し、折に触れ、徘徊を続ける生徒たちへの指導にあたっては「笑顔で挨拶をしよう」「授業への参加の声かけを粘り強く続けよう」と呼びかけてくれました。秋には大きな学校行事の体育祭、文化祭が行われます。これら行事への参加は徘徊を続ける生徒たちの自己肯定感を

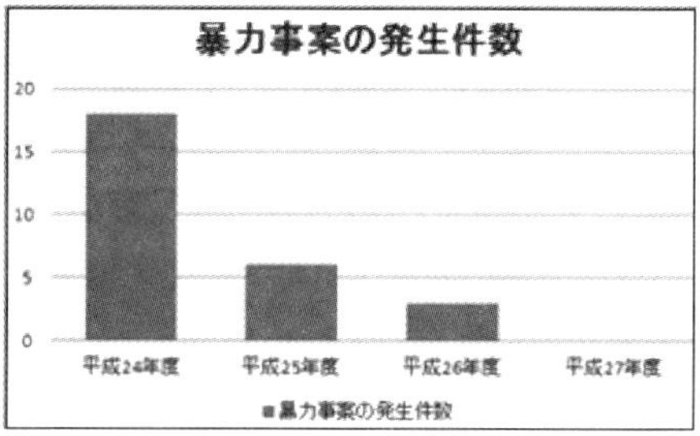

高めるためにも重要な機会ととらえ、教員は声をかけ続けました。その結果、彼らはぶっつけ本番でしたが体育祭の競技に参加し、文化祭では合唱コンクールのステージに立ちました。

指導の大きな方向転換に一部の先生方には戸惑いもあったようですが、冬を迎える頃には教職員にチームとしての連帯感が生まれてきました。これには安心安全な学校を取り戻すこと以外に改善への道はないという非常に厳しい実態があったことや、日々起こる生徒指導では、学年を超えての対応が多く、意思統一が必要であることから、必然的に本音を出し合い協議せざるを得ない環境にあったことがプラスに作用したのです。

1年めの学校内の変化を感じ取ってくださったのが、朝の見守りに立ってくださっていた地域の方々です。生徒たちによく声かけをしてくださっていた主任児童委員のIさんは「先生方が協力して同じ方向に向かおうとしていますね」「職員室の雰囲気が明るくなりましたね」「T先生は去年までと生徒への接し方が大きく変わりましたね」など、明るい変化を伝えてくださいました。地域在住の元同僚から「近所の生徒が、最近先生方の対応が変わり校内の雰囲気が少し明るくなったと言っている」という情報が伝わってくることもありました。ある朝、散歩中のお年寄りが「先生方の頑張りは分かっているからね」と声をかけてくださいました。これら地域の方々の励ましは、教職員にとって希望の光となりました。

8 新入生にも不信感が、なぜ？

新たなスタートを切り1か月を過ぎた頃から1年生の一部に気になる表情が表れるようになりました。男子生徒の中に一定の割合で、教員から指導を受けた際、あからさまにいやな表情を浮かべたり、逆にうつむいたりする様子が見られるようになったのです。7月上旬に実施した学校評価アンケート（生徒対象）にその理由をうかがわせるような結果が出ます。それは、教師への信頼度を聞いた質問「先生は自分のことを理解してくれている」に対する1年生の否定的（あまり思わない・思わない）評価50%という数字です。その当時の2・3年生より低い結果は衝撃でした。1年生では、次第に器物損壊や授業中の私語、授業妨害、いじめ事案が表面化するようになり、11 月以降は学年崩壊と言えるような状況となりました。夜間に臨時の保護者会を開き、保護者に状況を説明し、支援をお願いすることになりましたが、いろいろな課題を抱えた2・3年生に加え、さらに1年生までもという状況に、学校の指導を批判する声が多く出されました。しかし、学校内の変化を感じてくださっている保護者の意見もあり、学校の取り組みに協力しようという方向で協議がまとまりました。学校側から学校評価のデータを示し、信頼関係の構築が使命であることを説明させていただきました。以後、毎日を自由参観日として学校を常時開放することにしました。保護者には「学校の実態を見ていただき、生徒たちの頑張っている姿を見られたら、学校や地域で励ましていただけませんか」とお願いしました。

１年生の荒れは、生徒たちの情報を小中学校間でほとんど共有できなかったことが原因の１つです。そのため、新入生の男子の中に、なぜ中学校の教員に対して強い不信感をもっている生徒が多いのか。その理由が全く分かりませんでした。しばらくして、小学校長や新入生、在校生の話から、小学校において強い指導を進める一部の教員の存在が浮かびました。そこでは頻繁に叱られる生徒（担任に反感を抱いている生徒で男子が多い）と全く叱られない生徒（担任に信頼を寄せている生徒で女子が多い）との間に分断が生まれており、教師に叱られるか否かということが生徒たちの行動規範になっているというのです。その結果、中学校での生徒に寄り添う指導が、小学校で頻繁に叱られていた生徒にとってはゆるく甘い指導に、全く叱られなかった生徒にとっては頼りない弱い指導に映ったのです。

小中学校間の連携は校長の責任です。まず、小中学校間の連携を進め協力態勢をつくることが、新たにミッションに加わりました。小学校６年間の成長や学びのゴールを認識せずに中学校で指導を始めれば、中学校の指導は生徒の実態と乖離してしまいます。まして、生徒の荒れの責任をそれぞれが「中学校の指導がだらしないからだ」「小学校の指導がずさんだからだ」と言い合っている残念な関係では連携など難しいでしょう。小中間の連携を進めるためにはまず、今までの関係をリセットし校長同士が率先して連携を進めるしかありません。中学校区小中３校の校長がいずれも新任であったこと、２小学校の校長は前年度まで自校で教頭を務めており中学校の現状を知っていたこと、小中学校教員間の不信感に各小学校の校長も心を痛めていたことから、３校の校長がまず、子どもたちに関わる情報を迅速に共有できるよう申し合わせました。こうして３校の校長間で互いの悩みなども気軽に相談できるような関係の基盤ができました。その後、生徒指導主事が毎月連絡会議をもつなど、各先生方の交流も始まりました。

生徒たちの状況が改善するにつれ、小中９年間を見通した授業づくりや生徒指導の方向をそろえることの重要性が教員間で認識されるようになり、平成28年度からは小学校の校内研修に中学校の生徒指導主事、研究主任が講師として招聘されることになりました。これらは後に、中学校区の研究会や会議等で同じ視点から協議ができ、議論が深まるという成果となって表れました。

29年度からは、４月に中学校区３校で生徒指導方針を共有することを目的に全教員参加の生徒指導研修会を設定することになりました。また、子どもたちの連携も進みました。ピアサポート活動として、夏季休業中ボランティアの中学生が小学校の各教室に入り学習支援を行うのです。教職員間の雰囲気も大きく改善し、「中学校で荒れるような行動を起こす生徒を生み出す責任は小学校の指導にもあった。二度と繰り返してはいけない」「小学校でつけてもらった力を我々が無駄にしてはいけない。さらに伸ばす責任がある」という声がそれぞれの職員室で聞かれるようになります。

新入生の保護者が中学校での悩みを親しい小学校の先生に相談した時には、小学校の先生から「中学校は丁寧に話を聞いてくれるはずだから遠慮せず相談に行きなさい」と、保護者の背中を押してもらうこともありました。小中学校間の信頼関係があればこそです。

価値語を示して（全校朝会）

２年生に進級して次第に落ち着きを見せるようになったこの生徒たち。２年後、３年生になった彼らは１年生の時のことを「怒られないので、先生方をなめていました」「今思えば本当に恥ずかしいことをしました」「勘違いをしていました」などと懐かしそうにふり返ってくれました。

9 美点凝視

菊池先生による中学校での師範授業
2018.2.16

「私は、これまで嫌だなと思う人に出会ったことがない」この言葉は映画評論家の淀川長治さんがインタビューの中で語っておられた言葉です。私は学生時代からこの言葉を自分の生き方の指針としてきました。価値語で表せば美点凝視です。教師になってからも子どもたちに対して同じ気持ちで接してきたつもりです。

新任校長時代、研修会ではトップダウン型の学校経営が示されましたが、トップダウン型の学校経営が自分にできるとも思えませんでした。そこで、職員室経営の軸足を「教職員一人ひとりの個性や能力を認め、それらが発揮できるような学校。考え方や価値観が違っても教職員同士が温かい人間関係でつながる学校」に置きました。そして、登山隊の後ろから脱落者のないようにメンバー一人ひとりに気を配りながら登るリーダーをめざしました。

校長として最後の年に菊池省三先生との出会いがありました。「一人ひとりのよさが生きるように、学級の土台をしっかりとつくっていく必要性、個性を存分に発揮できるまでに成長させていくという戦略性」を唱えられてきた先生のお話に、今まで進めてきた学校経営の方向に大きな間違いはなかったことを少し安堵すると共に、先生の実践を校長としてどう活かすか、先生方にどう伝えるかということが最後のミッションとなりました。

退職後、初任者教員の指導を担当しています。立場は変わりましたが、若い先生方が個性を発揮できるよう、美点凝視を心に先生方の支援にあたっています。今の私のミッションは若い先生方や生徒たちの成長を見取り、発信することです。

第4章

『菊池実践』を教科で活かす

1…国語

2…社会

3…数学

4…理科

5…音楽

6…保健体育

7…外国語

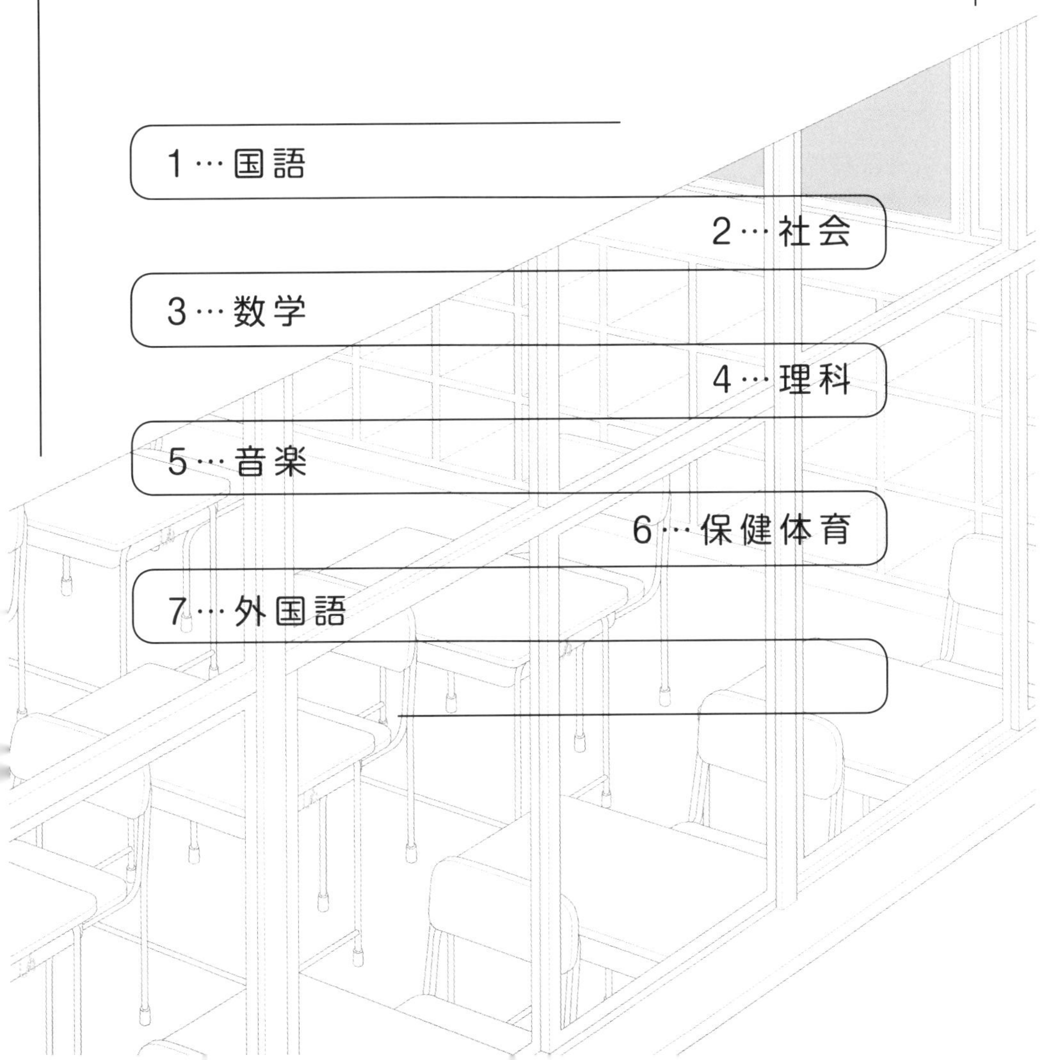

第４章

『菊池実践』を教科で活かす

１ 国語

コミュニケーションでつなぐ　つながる

広島県広島市大塚中学校　河内　伯子

１　現状と課題、菊池実践の必要性

初めて菊池先生の学級を動画で拝見したときに、児童の様子に頭を殴られたような衝撃を受けました。そこには私が常日頃めざしていた、「自分の考えを話したくてたまらない」「仲間の意見を聞きたくてたまらない」「今話し合って心に浮かんだことを書きたくてたまらない」というきらきらした表情をした児童の姿がありました。学びに対してまっすぐで、仲間と共に成長することに前のめりな姿勢は私にとっての理想像そのものでした。相手の目を見て、笑顔で語る児童。言葉が口からほとばしるように流れ出てきます。メモを取る、辞書を引く、自由自在な主体的な動き。菊池学級の児童は、「言葉の価値」を十分に認識し、学級全体で「学びに向かう力」がついているのだと分かりました。

かたや自分の担当学級はというと、正解の分かっている問いには反応するが、自分の考えを述べることには消極的、小グループでの話し合いもワークシートに書いてあることを読んで終わり、全体へはグループの誰かがじゃんけんで負けて発表する、授業者が黒板に正解を書いてからそれをノートにすかさず写し取る等受け身的な参加をする生徒がほとんどで、議論や対話が成立しにくい状況でした。何よりも国語の授業が楽しそうでない生徒が多くいるのです。

この状況をなんとかしなければならない、菊池学級の小学生が理想的な学習を進めているのに、中学生がこんなことでよいはずがない、焦りにも似た思いで菊池先生の書籍を購入し、まずは自分の学級づくりから「ほめ言葉のシャワー」を始めました。試行錯誤する中で、対話、話し合いの必要性を痛感し、授業も改善しなければと考えました。こうして国

語科授業で対話を重視し、自由な立ち歩きによる交流、挙手指名発表からの脱却、グループ活動でのほめ合い、価値語の紹介等を全担当学級で行うことになりました。

2 1年間の見通し、めざす成長の姿

令和２年度は中学２年生と国語を共に学ぶことになりました。昨年度（平成３１年度）からの持ち上がり学年です。

私がめざすのは「分かりやすくて面白い」授業。大学の指導教官に言われて新採用の時から一貫してこの目標です（「面白い」はもちろん知的に面白いという意味です）。ここ10年は「面白い」授業とは、興味関心を引くだけでなく、課題が知的で深いだけでなく、生徒がどこまでも主体でなければならないと思い至りました。彼らとの２年目も対話重視、教え合いやグループ活動を多用する国語科授業で生徒主体の学びをめざしています。

最終的なゴールイメージは、「授業者の姿が生徒の視界から消える」ことです。生徒たちでどんどん話し合い、学び合いが進み、自分たちの力で「今日はこれを学んだ」とふり返ることができる授業。まさに菊池学級の児童の姿ですが、まずは安心して対話・コミュニケーションがとれる環境づくりと楽しんで言語活動に取り組める教材研究を柱として主体的な学びにつながるように考えています。

菊池実践でよく目にするほんの数秒のユーモアあふれるコミュニケーション、言葉のキャッチボール。

「隣の人に○○って言ってごらん」

学校や学級の雰囲気にもよりますが、私の受け持つ中学生には抵抗がある生

徒が意外に多くいます。まずはその雰囲気をほぐすところから。安心して発表できたり、グループで対話できたりするには時間がかかることもあります。

同時進行で、語彙を増やす取り組みも授業の始まり５～７分の帯タイムで行います。漢字テストで出題された言葉を使っての「嘘日記」（現実にはないことを自由に書く作文のこと）作成。交流。書くことが苦手な生徒、時間がかかる生徒も仲間の作品を読むことで参考になり、少しずつ書けるようになることをねらっての交流です。辞書クイズも１回の授業につき一人ずつ前に出て出題し、選んだ言葉や選んだ理由でその生徒らしさを発揮します。

単元の授業でも、小グループ活動は短時間で行い、課題について話し合ったり、教え合ったりすることを習慣化させたいと考えています。自由な立ち歩きによる交流も時には条件をつけたり、よい動きをした生徒をすかさず評価したりしてマンネリ化しない工夫もします。

対話・コミュニケーションに違和感なく取り組めるようになると、安心して発言できるようになり、「学びに向かう力」や、学級としての力も加速していくように思います。ここから、学びと学びをつなぐ活動や深いふり返りができ、授業も進化（深化）していきます。やがて授業者が生徒の視界から消えるようにもなるはずです。

私の教え子には義務教育９年間の総仕上げである中学校の国語の授業を通して、社会生活に必要な言葉の力、伝え合う力を身につけるだけでなく、自分らしさを表現する方法としての「豊かな言葉の獲得」をし、社会に出て対人関係を良好に保ちながら生活していけるコミュニケーション力も身につけ、たくましく生きてもらいたいと願っています。また、そのような力をつける授業をすることが、私の責任であると考えています。

3　実践紹介

(1)「～のコツ」シリーズ　「先生を超える」

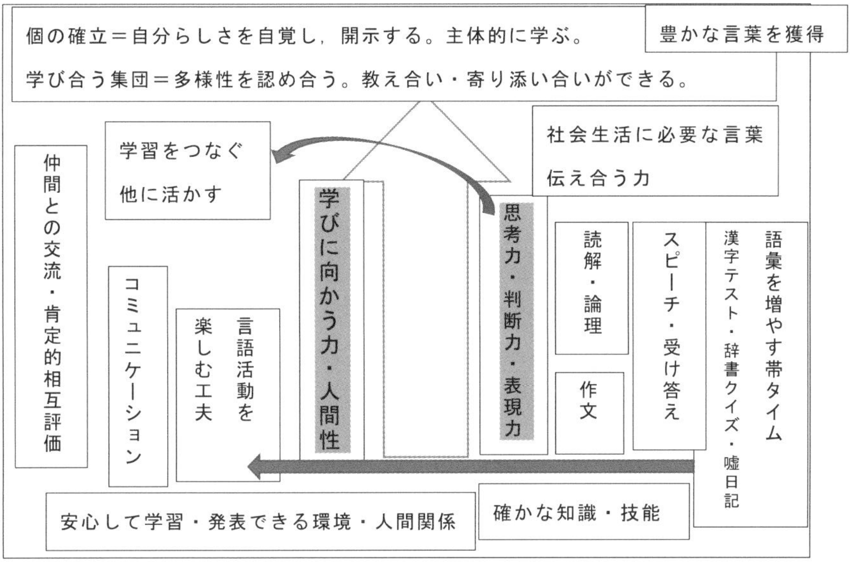

河内伯子が考える「国語科授業ゴールイメージ」

私の国語科の授業では今年（令和２年）度、単元終了後に学んだことのまとめとして「～のコツ」という活動を行っています（菊池実践の「エンターキー 100」に着想を得たものです）。「図式化のコツ」「話し合いのコツ」「要約文のコツ」など取り組んだ言語活動についてそれぞれの活動が終了した時にふり返りの時間を設けます。短時間で気づきや学んだことをノートに箇条書きし、自由な立ち歩きの中で交流します。

９月に学級スピーチコンテスト（本校の文化祭関連行事）を行った時のことです。「上手にスピーチをするコツ 30」をふり返りの活動に設定しました。当初の予定では「スピーチ原稿を書く」と「スピーチをする」の二点での気づきや学びを書き、交流することで項目を 30 以上に広げ、さらに特に重要な項目を絞り込むことを目的としていました。

学級スピーチコンテストが終わり、「コツシリーズ、今回はスピーチのコツ 30 で」と指示を出すと、

「30 はきつい」「無理」

という声も出る中、ある生徒から、
「先生、『上手にスピーチをさせるコツ』もあると思うのでそれも書いていいですか？」
と質問がありました。
「なるほど！スピーチを聞く側の視点ですね。さすが、よく気づきましたね。これこそ相手軸、他己中」

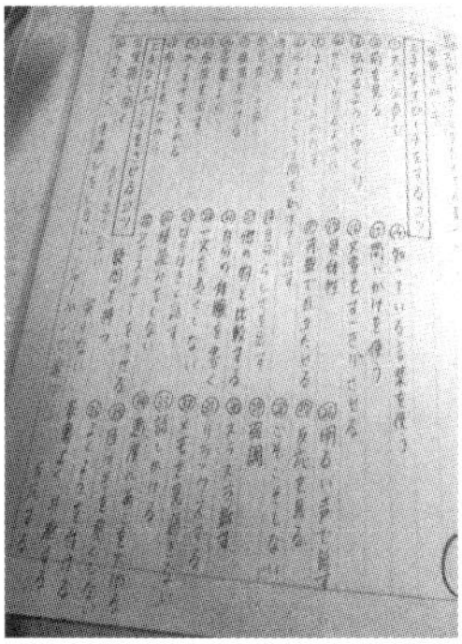

こうしてこの学級では、「スピーチを上手にさせるコツ」も交流し、「相づち」「視線を合わせる（目線の糸）」「笑顔」などのコミュニケーションスキルが挙げられました。さらに「スピーチの場は、話す人と聴く人の両方の気持ちでつくり上げるもの」というまとめの言葉も生まれました。

ほかの学級でも、「スピーチの心構え」「スピーチ応用編～さらに上を行くために」を付け加える生徒が現れるなど、生徒の主体的な取り組みにより「～のコツシリーズ」は授業者の意図を超える活動へと成長しています。

⑵ 価値語で語彙を増やす　「言葉の貯金力」

学級スピーチコンテスト原稿づくりでのことです。自分の体験は具体的に書けても、それを一般化、抽象化する語彙をもたない生徒は大変多いです。「伝えたいことはあれど言葉にできない」もどかしさを彼らも自覚しています。６月の終わり、「価値語カレンダー」の「他己中」に反応した生徒がいました。デイリーノート（生活日記）にそのことを書いた彼女は２か月後、部活での体験とつなげてスピーチ原稿に昇華させました。身近に価値語があることで体験と思考、言葉がつながった瞬間です。

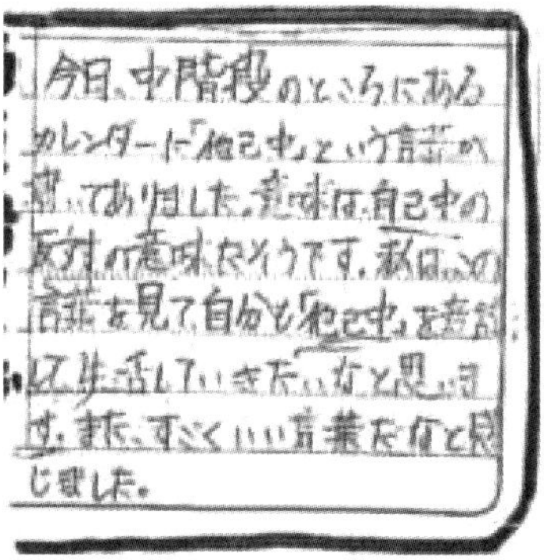

頭の片隅にある言葉

「他己中」この言葉を聞いたことはありますか？この言葉の意味は，周りのことを考えて行動することです。わかりやすく言うと、「自己中」の反対の意味です。では，なぜ私がこの言葉を紹介したいのかを説明したいと思います。

私のクラス二年七組では，デイリーノートに「良いこと見つけ」を書いています。「良いこと見つけ」とは，良い行動をしていた人を見つけてその行動を書くことです。それを先生が学級通信に載せてクラスのみんなで共有しています。学級通信に私の名前があると嬉しいし，がんばろうと思えます。また，クラスの人の良いところが見えてきます。このように「他己中」を意識すると，自分にもプラス，相手にもプラスになることがあるので，やってみてほしいと思ったからです。

また，部活動でも「他己中」を意識しなくてはならない場面が出てきました。私たちが進級し，新一年生が入部してきました。昨年までは，私たちが一年生で先輩にはたくさんいろいろなことを教えていただく立場でした。しかし，今は違います。そんな時，土曜日練習がありました。私は，楽器を運ぶなど自分のことをするのに精一杯でした。やっと自分のことが終わった頃に，一年生に

「何をすればいいですか？」

と聞かれました。その時自分は一年生のことも忘れて自分のことだけに集中していたことに気がつきました。すごく後悔をしました。

この出来事があった後に，中階段に掲示されていたカレンダーに「他己中」という言葉を見つけたのです。この言葉を見た瞬間，「これだ」と思いました。それから，私の頭の片隅に「他己中」という言葉があります。

今，コロナウィルスによって影響がたくさん私たちの生活に出ていると思います。そんな時だからこそ，一人ひとりが思いやりを持って，接することが重要となっている気がします。もう少ししたら，先輩が引退したり，もう引退している部活もあると思います。先輩が私たちにしてくれたことを思い出して，後輩に接してほしいし，私も優しく接していきたいです。また，二年七組で行っている「良いこと見つけ」もしっかり見つけてデイリーノートに書いていけたらなと思っています。

最後に，部活動やクラスなどで自分なりの「他己中」の接し方を見つけ，誰にでも優しく，温かく「他己中」を実行できる人になりたいです。

(3) つぶやきを安心して出せる教室に 「？の畑を耕そう」

『平家物語　扇の的』を学習していた時のこと。扇の的を射貫いた那須与一の腕前の見事さに対して源氏と平家双方が同じように喜んだあと、平家の50歳くらいの男が感激のあまり舞を踊り、義経の命令で与一に弓矢で射殺されるという衝撃的な場面が続きます。なぜ男は射殺されたのだろうかと考える中で、

「義経はなぜ残酷な命令を下したのだろうか」

「双方が喜び合っている場面で終わっておけばよかったのに」

「敵味方関係なく喜び合う場面は一体感があって、すごく美しいのに。残念な結末」

　様々なつぶやきがグループ内から出ました。

「そういえば、第一次世界大戦のクリスマス休戦も敵味方なくクリスマスを祝ったんですよね、先生」

　と前の席の男子が発言。

　ちょうどクリスマス休戦をテーマにした小説（『世界で一番の贈り物（マイケル・モーパーゴ)』）が教科書の別のページに掲載されていたので、急遽音読し、比較することにしました。

「ドイツ軍、イギリス軍が仲良くなっていく様子は読んでいてとても幸せな気分になったけれど、そのあと戦いにくいだろうね」

「一緒にサッカーして、クリスマスを祝って、もう友達みたいなものだから」

「じゃあ、逆に『平家物語』の舞を踊った男が源氏側に受け入れられていたら、戦いにくかったということ？」

「ということは、射殺させた義経はそこまで考えていた？」

　このように、「戦争と平和」「敵対することと分かり合えること」という大きなテーマに迫ることが

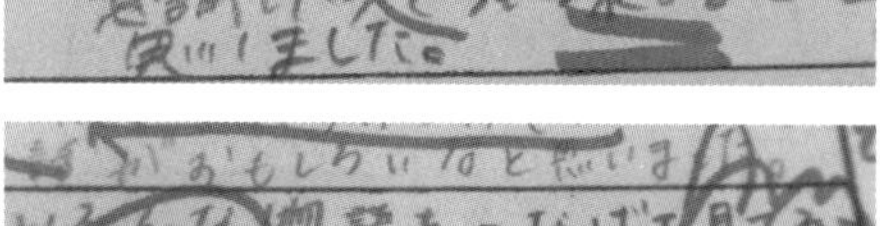

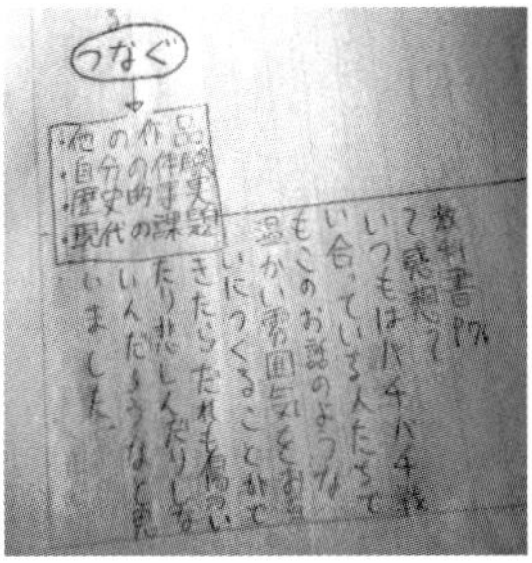

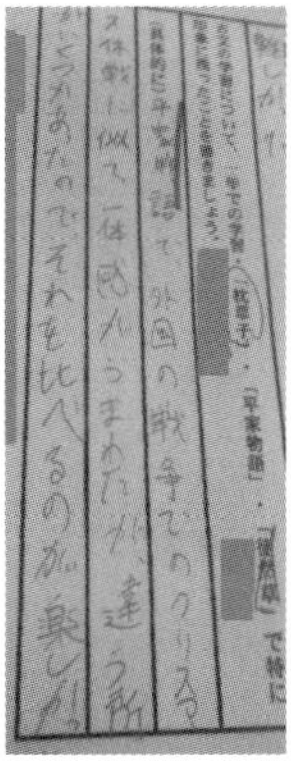

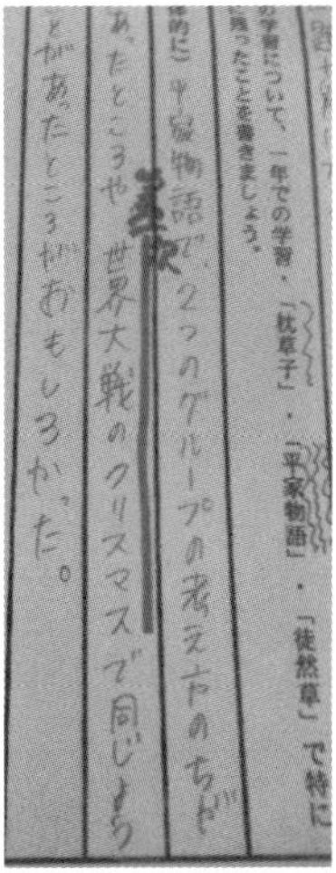

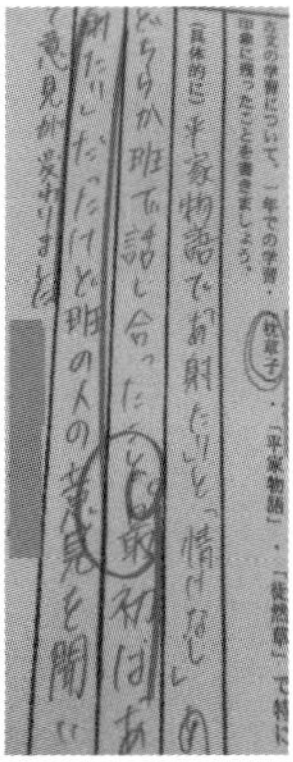

できたのも一人の生徒のつぶやきからでした。生徒たちは自分たちが授業の流れを変え、深い学びにつながったことに大きな達成感を感じたようでした。何人かの生徒が授業後のふり返りやノートに学びを結びつける重要性を書いていました（「クリスマス休戦」のつぶやきがなければ、私が一方的に一体感と戦いにくさを語ってしまったことでしょう）。

ふとした思いつきがつぶやきになって口から出ること。こうなるためには、日頃の授業からつぶやきが湧き出る雰囲気をつくることが重要です。対話を重視する菊池実践を取り入れて、授業中に数多く話題をふって、

「隣の人に〇〇って聞いてごらん」

「自分ならどっちか、４人でお互いの考えを聞き合ってみて」

と言い続けてきた成果ではないかと思います。

また、できるだけ多くの仲間と自分たちの書いた文章をお互いに読み合い、プラスの視点で感想を伝える活動も並行して行っています。このことも多様な意見を受け入れ、何を言っても大丈夫だと安心できる雰囲気づくりに寄与しているのかもしれません。

「つぶやき」から話題がそれますが、学びをどう結びつけるかは私の国語科授業づくりの大きなテーマの一つです。ほかの教材、既習の文章、他教科とのつながり、自分の体験や読書経験、現代社会の課題等。今回の

『平家物語』では、舞を踊った男と既習の『枕草子』で学んだ「をかし」とのつながりも「風流」という言葉を通して試みました。

生徒のつぶやきに学びつつ、様々な工夫を取り入れながら、「学びをつなぐこと」「学びのダイナミック化」に向けてまずは安心して思いつきをつぶやける地道な対話、コミュニケーションを継続させていきたいです。

(4) 書写もチームで（共同制作）「教え合いは寄り添い合い」

問いに対する考えの交流だけでなく、詩の群読や対話劇のシナリオ作成・発表等、私の国語科の授業では４人グループで活動することが多いです（皆さんもそうだと思います）。反面、書写の授業では個人で作品づくりに取り組むことが主となっていました。落ち着いた雰囲気の中で課題に向き合わせ、作品づくりに集中させたかったからです。しかし、書写の技術にも個人差があり、机間指導でその差を埋めることは難しいですし、中学生はそばにずっと授業者が指導につくのを好まない場合が多いです。

そこで４人グループで共同制作に取り組ませることにしました。行書「花鳥風月」を一人一字ずつ分担し一つの作品にするという試みは、予想以上に彼らの関心意欲を高めました。個人で一度全体を書いたあと、グループでそれぞれの字の個性を分析し分担を決める、この段階で書写が得意な生徒も苦手な生徒も前のめり。いよいよ自分の一字を書く際には、どうしても行書の省略や連続が苦手な男子生徒に女子生徒がつきっきりで教えるなど教室のあちらこちらで教え合いの輪が広がっていました。作品としての統一感を出すために字の太さや大きさをそろえようと呼びかける生徒もいて、清書の際は、

「めっちゃ緊張する〜」
「みんなの作品の一部だと思うと責任重大」
と個人作品での清書と違う雰囲気を味わっていました。

驚いたのは書写が苦手でなかなか字形が整わない生徒が仲間のアドバイスのおかげで格段に上達したことです。やはり、仲間同士の教え合いが大きな効果をもたらすと改めて実感しました。ふり返りでも
「仲間と作品を作るのは楽しい。やる気が出た」
「字の上手な人に合わせようとしたので、自分でもはっきり上達するのが分かった」
という肯定的感想ばかりでした。

4 ふり返り（まとめ）

中学校国語科で菊池実践を取り入れてみて、学年や学級の状況によって差はあるものの対話・コミュニケーションに取り組ませ続けることで、教室の雰囲気が柔らかくなり、お互いを尊重する態度に少しずつ変容しているように感じます。

肝心なのは、やはり授業者の目。何を見て、どんな言葉を発するかでこの教室環境や雰囲気も変わってくるのです。そして、授業者も対話コミュニケーションをまず楽しむことが大切だと思います。

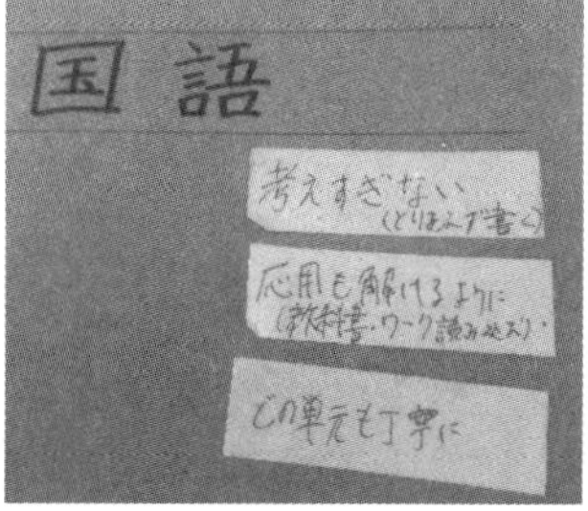

「９教科の中で国語が一番嫌い」
と言っていた生徒たちが、

「今日は何をやるんですか？」
「今日の授業は面白かった」
「徒然草、文庫本を家でも読んでみようっと」
　と言ってくれた時の喜び。
　交流をしている時の生徒の笑顔。
　ほめ合う時の目の輝き。柔らかい空気感。
　ふり返りを書く時のシャーペンの音だけ響く静かな教室。
　仲間が書いた文章を読み合う時の真剣なまなざし。
　どれも私にとっては宝物です。菊池実践なしでは得られなかったと実感しています。他教科もそうなのでしょうが、とりわけ国語科にとって豊かな言葉とコミュニケーションはなくてはならないものです。
　まだ道半ばですが、授業者が生徒の視界から消える日を夢見て挑み続けたいと思います。

『菊池実践』を教科で活かす

２ 社会
「楽しい」と思える社会科をめざして

宮崎県高鍋町立高鍋西中学校　小牟田　ゆう

１ 現状と課題、菊池実践の必要性

現在、授業を担当しているクラスは３年生３クラス、２年生１クラスの計４クラスです。どちらの学年も、１年生の頃から教科担任をしていますが、１年時にとった社会科についてのアンケートの「社会科が好きですか？」という質問に対して、「好き」と答える生徒は26％～34％にとどまり、社会科を好きではないと感じている生徒が多いことを知りました。そこで、まずは、周りの先生方にアイディアをもらったり、菊池道場での学びを実践したりしながら、生徒が「社会科を好き」と思えるような授業を心がけました。結果として、今年度４月に実施した同じアンケートでは、約70％の生徒が、「好き」と答えてくれました。社会科を好きな理由として、「先生が楽しそうで、たくさん面白い話や動画が出てくるから」と書いてくれた生徒がいました。「楽しむ」ことで「好き」になってほしいと考えていた私にとっては、とても嬉しい好きの理由でした。ただ、「好き」になっても、それが学力につながらないという現状も見えてきました。現在は「楽しさ」と「学力定着」を両立できる授業の在り方を、いろいろと考えて試行錯誤しているところです。

私自身、中学生の頃に社会科は好きでしたが、苦手な教科でした。しかし、当時の教科担任の先生に、社会科の再テストで85点をとったときにほめられたことで、社会科が少しずつ好きになっていったという経験があります。当時の私は再テストでほめられるなんて思ってもみなかったので、嬉しくてやる気になったのを覚えています。この経験がなければ、今の私はないと言っても過言ではありません。だからこそ私は、「中学校における菊池実践」の必要性を強く感じています。

菊池実践の必要性は、先述のアンケート結果からも見えてきます。

「どんなときにやる気になりますか」（複数回答可）

①授業内容がよく理解できたとき　②グループで活動するとき
③社会科の用語を学習するとき　④ＴＶやパソコンを使うとき
⑤ノートが整理できたとき　⑥資料がしっかり読み取れたとき

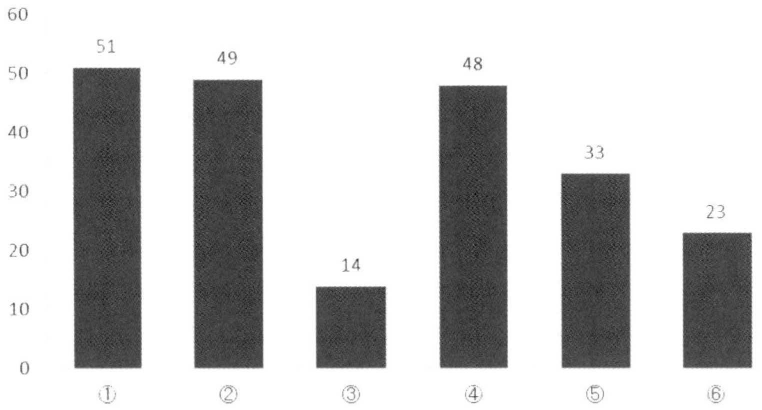

このグラフを見ると、生徒のやる気につながるのは、授業内容が理解できたとき、グループで活動するとき、ＴＶやパソコンを使うときが上位にきていることが分かります。また、担当するクラスの生徒たちは、新聞を読んだり、ニュースを見たりする割合も、「よくする」「する」「時々する」の割合が70％を越えていたので、このよさも活かしたいと考えました。

菊池実践の大きな柱である「一人も見捨てない」授業にするために、主に次の２つに力を入れることにしました。

●生徒同士の学び合いの時間を確保すること
●生徒の自由度を保障し、生徒の個性を認めること

今年度は、新型コロナウイルスの影響で、学び合いには工夫が必要でしたが、生徒と話し合いながら学び合いの時間を入れていきました。また、生徒の自由度を保障するという点においては、今年度に限らず行っ

ていますが、改めて考え、実践してみました。

2 1年間の見通し、めざす成長の姿

① 教師の基準を明確に伝える

生徒同士の学び合い、生徒の自由度を保障するために、今までの授業と「変えるところ」「変えないところ」を明確にする必要があると感じました。毎年行っている授業オリエンテーションで、まずは、「変えないところ」を伝えました。(以下ワークシート抜粋)

- ABCD ルールを守って、お互い真剣に授業にのぞみましょう。
  A 当たり前のことを　B 馬鹿にせず
  C ちゃんとする　D どこでもだれとでも
- 授業は先生一人でやるものではありません。話す×聞く＝授業
  全員参加の授業で、お互いに楽しく授業していきましょう。
- 授業に遅れた場合、忘れ物をした場合、課題が提出できなかった場合、など何か困ったことがあったら、必ず自分で言いに来ます。
- 発表はできる限りたくさんすること、手はしっかり挙げます。みんなに聞こえる声で話します。先生や発表する生徒の方をしっかり向いてください。聞く方も、顔を向けたり、拍手をしたりしましょう。
- 教室は間違うところです。相手の意見を、絶対にひやかしたり、ばかにしたりしません。

このようなワークシートをもとに、「当たり前のことって何だろう？」などの質問をしながら、授業の雰囲気をつくっていきます。このオリエンテーションを続けていて、よいと感じることは、自分の基準が明確になることです。このような内容を伝えて、だれかの発表に対して拍手をした生徒がいたり、課題を忘れたときに伝えに来たりすることができたら、ほめることができます。逆に、できなかったら叱ることができます。そして、生徒としても、なぜ叱られているのか、理解しやすいと感じま

す。

どのような状況でも「変わらない」教師の基準を伝えるというのはとても大切なことだと思っています。

② 学び合いを可能にする工夫

11月になった現在でこそ、マスクを着用した状態での短い話し合いや、周りとの相談が可能になりましたが、今年度スタート時には話し合い活動は原則行えないため、生徒と相談して、「ミニホワイトボード」の活用を考えました。これは、ラミネートした白い紙（ミニホワイトボード）を使って声を出さずにやりとりをする方法です。周りの人に自分の意見を見せたり、そこに付け加えて書いてもらったりすることができます。ラミネートしてあるので、何度でも使用可能です。また、非言語のコミュニケーションを活用することで、発表や交流が苦手だった生徒も「書く」ことによる交流で生き生きと活動する様子が見られました。

《非言語コミュニケーションの例》

「なるほど！」と思ったら「いいね！」をしよう！
「分かる！」「同じ意見！」と思ったら大きくうなずこう！
「すごい！」「面白い！」と思ったら拍手しよう！
「教えてほしい」ときは、はてなマークを書こう！

③ 実践例とめざす姿

これから紹介する実践例とそれぞれの実践により、めざす姿です。

・小テストのポイント制とミニゲーム
→生徒の興味関心を高め、社会科を楽しむ生徒を育てる。
・定期テスト問題の工夫
→「できた！」と実感できる生徒を育てる。
・免疫マップの活用で人物を見る授業
→多面的多角的に物事を見る力を育てる。
・ニュース課題の活用
→表現力を高め、自分の意見を分かりやすく伝える力を育てる。

・SDGsの視点を用いて、自分の考えを持つ機会をつくる。
→社会で起こっていることを自分のこととして考える生徒を育てる。

3．実践紹介

実践①～小テストのポイント制とミニゲーム～

３年生の授業では、授業のはじめに10問程度の小テストを行っています。中学校のゴールでもある、高校入試問題は、思考力・判断力・表現力を問う問題が多くなってきていますが、そのような問題を解くためには、基礎的基本的な知識が必要になります。そこで、1，２年生で学習した用語の小テストを実施することにしました。しかし、用語を覚えること自体を苦手としている生徒も一定数いたので、小テストのポイント制を提案しました。１つ正解するごとに１ポイントでそのポイントは関心意欲態度の項目に加算されます。「テストの点数だけではなく、日々の頑張りで成績をつけるからね」と話して、５月から現在まで続けていますが、ポイントが貯まるというのは嬉しいようで、それぞれ目標をもって頑張っています。また、小テストの解答は挙手発表なのですが、最近は学習委員会の生徒が「班員全員が発表すると１ポイント貯まり、ポイントが多かった班に表彰を行う」という取り組みを始め、より楽しんで小テストに取り組んでいる様子が見られます。

また、２年生、３年生共によく行うのが、ミニゲームです。１学期中はグループ活動や話し合いが制限されていたため、先述のミニホワイトボードを使って、問題づくりを行いました。その時間に学習した内容をもとに問題をつくり、周りに解いてもらうというものです。面白い問題や自信作ができた生徒には、実物投影機に映してクラス全員に出題する機会を与えました。話し合いなどの制限が少し緩和された２学期は、２年生の地理で「日本の諸地域」を学習する際に、「都道府県クイズ」や「都道府県しりとり」を班対抗で行いました。最近では、３年生の公民で、「わたしたちの生活と経済」の単元の導入として、知っている企業名リレーを学級対抗で行いました。授業内容に入る前や授業の合間に行うと、全員が授業に参加できる時間が生まれるので、「一人も見捨てない」ことにもつながっていくと考えて実践しています。

実践②～定期テスト問題の工夫～

数年前まで、生徒が使っているワークや校外テストをもとにした問題を中心に定期テストを作成していましたが、初任研で教科指導を担当していただいた先生から「テストで鍛えること、テストを受けている生徒が少しでも楽しいと思えること」が大切だという話をされ、自分なりに考えてテストを作成するようになりました。たとえば以下のような問題を必ず1問入れるようにしました。時間が足りないなどの理由以外で、この問題を白紙で提出する生徒はいません。そして、この問題を通じて、社会科の得意不得意に関わらず、ほめる機会が増えました。自分の意見を書く問題のよさだと思っていますし、今後も続けたいと考えています。

(以下抜粋)

7．次の①・②のどちらか1つ選び、この記事に対する自分の意見（賛成・反対など）とそう考える理由を書きましょう。イラストなどを使っても構いません。とにかく枠いっぱい使って書いてください。

① 自己決定権の一つである「臓器提供」についてあなたはどう考えますか、資料をもとに、自分の考えを書きなさい。(資料省略)

② 「日本は選挙に行かなくても処罰されないが、オーストラリアなどでは処罰される」。これについて、自分の考えを書きなさい。

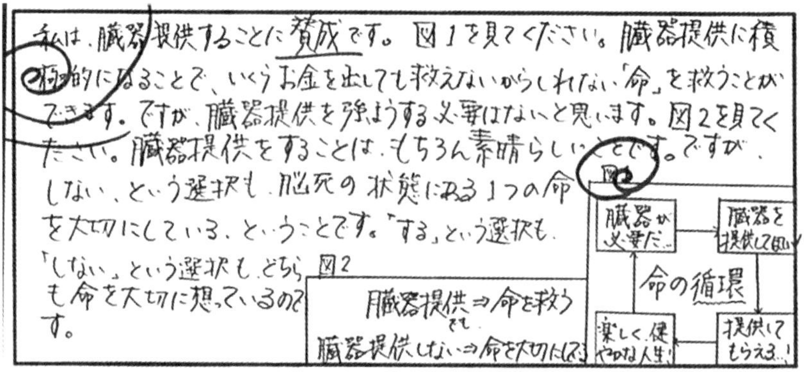
私は、臓器提供することに賛成です。図1を見てください。臓器提供に積極的になることで、いくらお金を出しても救えないかもしれない「命」を救うことができます。ですが、臓器提供を強ようする必要はないと思います。図2を見てください。臓器提供をすることは、もちろん素晴らしいことです。ですが、しない、という選択も、脳死の状態にある1つの命を大切にしている、ということです。「する」という選択も、「しない」という選択も、どちらも命を大切に想っているのです。

> 私は選挙に行かない人を処罰する必要はないと考える。
> なぜなら、②に関連する資料の中の「選挙に行かないと…」の表の中で処罰する国の投票率は日本より高いが、それでも９割を超える程になっいる国は少ないからだ。
> また、選挙に行かないことで処罰がされる、となると選挙全体に閉鎖的な空気が生まれる原因になりかねない。
> すぐに効果があるわけではないが、地道に選挙への参加の必要性を説き続けることで、確実に投票率を上げていくべきだと思う。

実践③～免疫マップの活用で人物を見る授業～

菊池道場の内田圭介氏主催の勉強会で「免疫マップ」というものを紹介していただき、授業のヒントを得ました。

「ヒトラー」から見る戦争

中学３年生の社会科「第二次世界大戦と日本」の単元で、「戦争が起こった」という事実だけではなく、歴史的背景の部分を大事にしたいと考える中で、「免疫マップ」をアレンジして授業に取り入れました。

まず、以下の項目を１つずつ提示し、「この人はだれ？」と問います。

・動物をとても大事にしていた
・健康志向が強く、ベジタリアン
・自分の故郷を大切にしていた
・ユダヤ系少女と仲良しだった

→

・最期は自ら命を絶った
・ユダヤ人を迫害した
・「独裁者」と呼ばれる
・ドイツのリーダー

「なぜヒトラーは戦争に向かっていったのか？」という学習問題のもと、免疫マップをアレンジしたワークシートを使いました。（次ページ図）

彼の本当の目標（願い）は何だったのだろう？	彼に　助言できるなら、何と助言する？	彼の本音をのぞいていみよう	彼を戦争に導いた、強力な負の考えとは？
・平和な世の中を創りたい。 ・国民が豊かに幸せに暮らせる世の中を創りたい。	多くの人を虐殺し、ユダヤ人たちを迫害しても、国民や世の中は平和にも心からの幸せも感じることはできないよ。	ヒトラーの不安とは？ ドイツ人からの批判や支持されなくなったらどうしようというプレッシャー 不安を回避するには 戦争をしろ。自分たちが思う尊いドイツ人が正しいと信じさせるために、ユダヤ人たちと虐殺する。	今ここで、戦争をしなければ、ドイツ人はどんな人種よりも尊いんだと信じさせなければ、自分の信用は地に落ちてしまうかもしれない。自分たちドイツ人は尊いんだ。

「不安ボックス」は多くの生徒にとって考えをつなぐ役割を果たしていました。願いはあるけど、不安があるから、戦争、差別へと向かったのではないか、という流れで考えることができていました。思考の流れが分かりやすく、面白いと感じたので、今後も改良しながら活用していきたいです。

実践④～ニュース課題の活用～

現在の３年生は１年生の頃にも実施したのですが、夏休みの課題として、ニュース課題を出しました。７～８月のニュースで気になったものを１つ以上選び、自分の意見や感想と共にまとめるというものです。このニュース課題を授業の導入で使ったり、考えるための資料として活用したりしました。自分のまとめたものが授業で使われることで、そのほかのワークシートへの取り組みがよくなり、生徒同士がニュースを通して学び合うきっかけにもなりました。（右は、生徒の作品例一部抜粋）

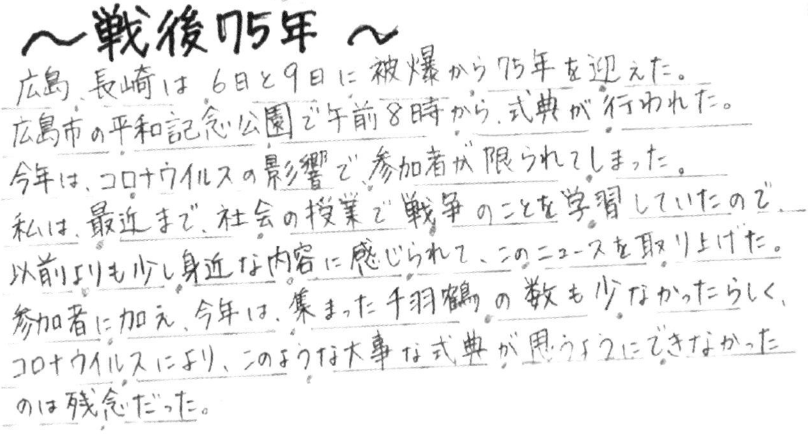

〜戦後75年〜

広島、長崎は6日と9日に被爆から75年を迎えた。
広島市の平和記念公園で午前8時から、式典が行われた。
今年は、コロナウイルスの影響で、参加者が限られてしまった。
私は、最近まで、社会の授業で戦争のことを学習していたので、
以前よりも少し身近な内容に感じられて、このニュースを取り上げた。
参加者に加え、今年は、集まった千羽鶴の数も少なかったらしく、
コロナウイルスにより、このような大事な式典が思うようにできなかった
のは残念だった。

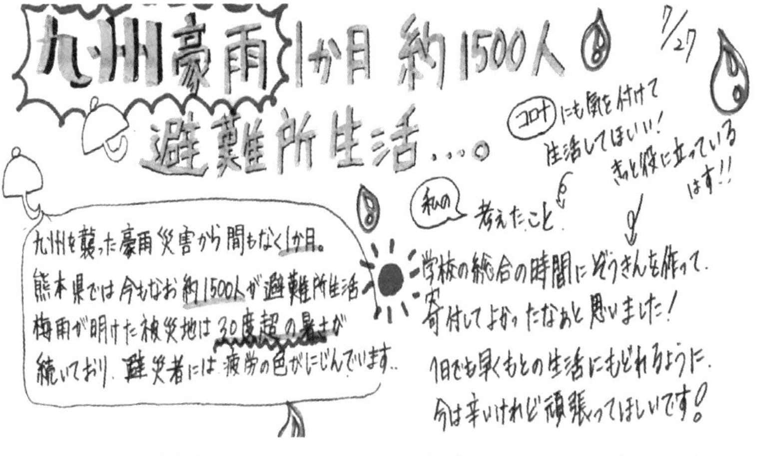

このように、授業で学習したことや総合的な学習の時間に行った活動とつなげてニュースに興味をもった生徒も多くいました。

実践⑤〜SDGsの視点を用いて、自分の考えを持つ機会をつくる〜

ここでは、定期テストと授業での実践を１つずつ紹介します。それぞれ、授業で何度か取り上げたSDGs（持続可能な開発目標）をもとに自分の意見を述べる機会をつくりました。

テスト：SDGsの17の目標の中で、「平和」のために必要だと思うものを

1つ選び、なぜそう考えるのかを説明しなさい。

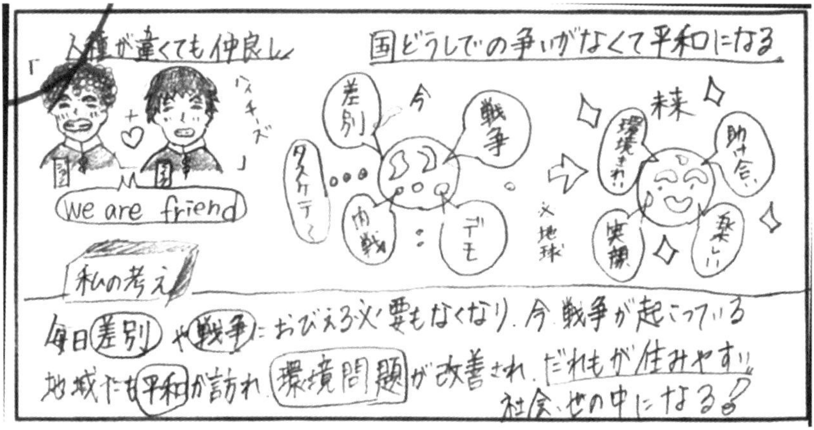

授業：「20年後の高鍋町を幸せな町にするためには？」

この授業は、西都児湯地区の研究大会で行われた授業を参考に、生徒たちが生活する高鍋町を教材として、3年生公民の「地方自治」の単元を学習したものです。自分の意見を周りに伝えることを楽しむようになってきていると感じました。(生徒例)

20年後の高鍋町を「幸せな町」にするために、次のように提案します。

私は、高鍋町を幸せな町にするために、商店街を活性化させたいです。そのために、今ある居酒屋やご服屋を残しながら、若者たちも集まれるようなスイーツのお店やSNS映えするようなところもつくるといいと思います。そうすれば、祭りのときだけでなく、常に人が集まる活気のある通りになります。そして、1年に1度、花火を上げたり、イルミネーションを見たりできるといいです。

私は、高鍋町を幸せな町にするためには町の活発化をはかり、もっと町を盛り上げていく必要があると思います。そのため、PR活動はもちろん一番街の店などを若者から高齢の方まで立ち寄れるような店にしていきます。その他に、多くの人が参加できるイベントを開催していきます。そして、町の活生化につなげます!!

4 ふり返り（まとめ）

4月から現在までの実践をふり返ってみると、本当に生徒からたくさん学んだ8か月だったと感じています。生徒の意見や考えていることに多く触れることができて、そこから関わりをもつことができた生徒も多かったと思います。授業で学習したことと現代社会をつなげて考えられる生徒が増えて、授業前後には必ず数名の生徒が教卓の周りに集まっていろいろな話をするようになりました。やはり学び合いを重視すること、自由度を保障することは大切だと改めて感じ、この「つながり」を大事にしたいと思いました。また、少しずつではありますが、授業が楽しいと感じた生徒の中で、定期テストや校外テストの点数が上がってきている生徒もいます。そんな生徒が笑顔で「最近社会楽しいです。頑張ります！」と言ってくれると、幸せだなと思います。これからも生徒を中心に実践を行いたいです。

一方で、社会科を楽しいと感じる生徒、好きだと思う生徒の中にも、まだ苦手だと感じている生徒がいることも事実ですし、そもそも、社会科があまり好きではない生徒がいることも事実です。そのような生徒にとっても、1つでも、少しでも、楽しいと感じること、理解できたと実感できることを増やしたいです。そして、自分を認められる瞬間、自信を持てる瞬間があるように、現状に満足せず、実践に取り組んでいきたいと考えています。

今はまだ、周りから学ぶことの方が多いですが、これからも自分の軸をしっかり持って、菊池実践の「方法」ではなく、「考え方」を取り入れながら、実践を続けていきます。

〈参考文献〉
『中学校学習指導要領（平成29年告示）解説　社会科編』　文部科学省
『楽しく重要用語＆学習事項が身に付く！中学校地理ワーク＆パズル85』宇田川勝司（明治図書）
『第46回宮崎県中学校社会科教育研究大会―西都・児湯大会―』

『菊池実践』を教科で活かす

3 数学
菊池実践で「学び」を豊かに

沖縄県西原町立西原東中学校　　比嘉　佑樹

1 現状と課題、菊池実践の必要性

教師として、子どもの成長に目を向け、生徒をサポートしていきたいか。それとも、大人や職員室に目がいき、学級に問題が起こらないように守りに入った指導をしていきたいか。私は、迷わずに前者を選びます。前者のよさは、生徒が心身ともに成長することで、学級のトラブルが減り、起きたとしても、それはマイナスではなく、プラスにはたらくことです。しかし、日々の目の前の業務をこなしていくことに必死になると、そのような思いが薄れていくことがあります。そんなとき、一度立ち止まって菊池省三先生の本や講演DVDを見ると、はっとします。また向かう方向と気持ちを入れ直し、子どもたちの成長に全力で向かいます。

コミュニケーション教育の必要性を考え始めたきっかけは学級での人間関係のトラブルからでした。友達同士のトラブルの原因はコミュニケーション力の欠落によるものでした。「コミュニケーション」を学ぶ機会がない生徒はたくさんいます。それは、自分にも原因があります。菊池実践と出会う前の自分の授業は、１年間一斉指導だけの授業でした。私のようなコミュニケーション教育を行わない教師と出会った生徒には、授業でコミュニケーションを学ぶ機会はありません。対処療法的な指導はあっても、そこに「学び」と「成長」はありません。もし、あの時にこのような成長の指導ができていれば、と過去をふり返り、後悔することがあります。生徒間のトラブルの多くはコミュニケーション力の低さからきています。詳しく話を聞き、互いの思いを確認していくと、解決できるケースが多くあります。相手に言葉を発する前に「相手軸」という言葉に出合っていたら。『成長の授業』をしていたら。このようなトラブル

にならなかった、もしくはトラブルをプラスに変えられたのではないかと思うことがあります。しかし、このようなトラブルが起こることは決してマイナスではありません。むしろ成長のチャンスです。コミュニケーションについてみんなで学べ、互いが成長できるチャンスだからです。生徒には起こったらラッキーと伝えます。しかし、教師が毎回、間に入って解決することは本当のゴールではありません。生徒同士の関係を深く強いものにし、互いが認め合い、個性と協調性をもった生徒を育てていくことが本当のゴールです。横のつながりができた学級は、困難が成長のチャンスとなり、乗り越えれば乗り越えた分、個と集団の成長ができます。仲間と成長することの素晴らしさ、楽しさを体験し、人と関わることの楽しさを知った生徒が本当の「生きる力」をもって社会に貢献していきます。

子どもたちの成長は突然訪れます。それを見た教師が何を感じ取り、全体につなげるかで状況はよい方向にも、悪い方向にも向かいます。生徒の言葉や行動の価値をみんなで共通理解して、それを広げていくことで、さらに素晴らしい集団になります。成長した集団は、相乗効果で教師が想像もしない素晴らしいことをやってのけます。コミュニケーション力をつけることは、「学びの土台」になります。これがなければ、安定しません。中学校の教科担任制では、このような意識を強くもって教科指導にあたっていきたいです。

２ 1年間の見通し、めざす成長の姿

菊池先生の素晴らしい実践を初めて見たとき、菊池学級の子どもたちの姿に驚きました。子どもたちは、成長しようと懸命に仲間と高め合っていました。このような学級経営を自分もできるようになりたい、と学び始めました。しかし、見様見真似で行った初めの頃はうまくいかず(生徒の成長にも気がつかず…)、正直、「これを中学校でするのはハードルが高いな」や「やはり、思春期の中学生には…」と原因を自分ではなく別のところに考えていました。しかし、菊池先生の言葉を聞き、本を読

み、講演を聴くなかで、自分の誤った考えに気がつきました。「中学生だから…」は、自分が勝手に生徒の成長を妨げている。教師として間違った考えに猛反省しました。このような時期だからこそ必要な教育が、菊池実践の教育です。菊池実践のような教育が必要だということを理解した今、これを学んでいくほかない。菊池学級のように生徒を生き生きとした姿にすることが自分の仕事だと考えました。

集団生活の中では、必ずルールが必要です。学校生活にも当然きまりがあります。学校できまりを教えることは大事ですが、教師側の指導のしやすさ等を理由に決められたルールにより、生徒の成長がストップしてしまっている、ということもあります。最低限必要な集団としてのルールは当たり前に教え、身につけさせ、それ以外のルールは一度見直す必要もあると思います。締めて守らせるのではなく、事前にそのようにならないように指導するスタンスも取り入れていかなければなりません。生徒の起こした問題は事前に準備をしても起こります。しかし、実はこの生徒の問題行動こそが生徒や集団が成長するきっかけになります。「またうちのクラスで問題が起きてしまった」と落ち込むのではなく、「よい時期に大切な生きた教材がきた」と思うと、何か問題が起こっても、生徒の個と集団の成長ができます。

中学校での菊池実践のよさは、自分の学級だけでなく、他の学級でも実践できるということです。クラスで雰囲気が全く違うこともありますので、臨機応変に対応しながら進める力も鍛えられます。週３、４時間の数学の授業で、１年間に1、３年は１クラスあたり 140 時間、２年生は 105 時間も実践ができるのです。

ペア活動など関わりのある動く授業を通して、硬い教室をほぐしていく。うまくいくように教師の手立てのレベルを上げていき、自由に友達と会話対話できる空気をつくる。自由に立ち歩き自分の考えを説明する。最終的に、関わりながら学び、互いに高め合っていく教室にしていきます。

3 実践紹介

主体性の学びとは

50分間の授業を教師がすべて説明し、進んでいく授業では、分かりやすい授業を心がけたとしても、理解ができない生徒が出てきます。説明している教師の脳はフル回転していますが、聞いている側の生徒はどうでしょうか。よくて半回転くらいに留まってしまいます。50分間の授業が終わると疲れ果てるくらいに脳をフル回転させたいです。教師対集団で対話するだけでなく、生徒同士伝え合って、授業を進めていきます。教えられているインプット（知識を入れる）の状況だけでは難しく、理解はできても、その内容の応用は利きません。インプット（知識を入れる）とアウトプット（習ったことを使う）の両方をバランスよくすることで、生徒のやる気、主体性も出てきます。最終的には、自分たちから動き「教えに行く」、「習いに行く」学級をつくっていきます。

話す、相談できる雰囲気をつくる

「隣と相談しましょう」と言ってもなかなかできない生徒もいます。もちろん初めからできる生徒もいますが、できない生徒も出てきます。そのようなときは、授業開始の少しの時間を使って、ゲーム形式で話す場面をつくっていきます。意図的に関わりをもたせ、ペア同士の関係をつくっていきます。

○教室を柔らかくするペアでのゲーム

① 自己紹介30秒間（4月の初めの授業などで）

② お菓子の「きのこの山」と「たけのこの里」どっちが好きか。互いに伝え合う。

→どちらが好きか選び、ペア相手に理由を説明する。

→隣の人がどっちが好きか予想する。

③ 自分の好きな○○の話を互いで30秒間説明する。

例.「私の好きなお菓子は、○○です。その理由は、……」

③ペア相手のよいところを理由つきで30秒間伝える。

・授業の中でもペアでの会話の時間を多くつくる。

①　傾聴とミラーリングで説明

先生が今から話す内容を一字一句聞き逃さず、傾聴して聞いて、一字一句間違えないように、そのままで相手に伝える（ミラーリング）。

②　ペアでじゃんけんをして、勝った人（負けた人）が説明する。

このほかにも、誕生日の若い方が説明する。「あっち向いてほい」で負けた方が説明する。

③「〇〇ってなんですか？」、「これどうやって解くの？」といきなり言わせる。

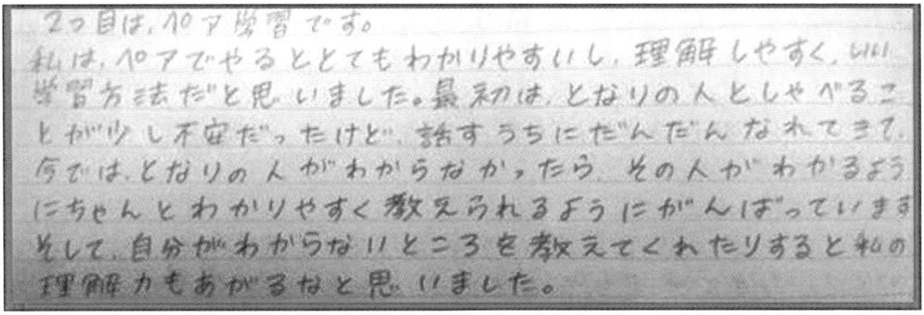
2つ目は、ペア学習です。
私は、ペアでやるととてもわかりやすいし、理解しやすく、いい
学習方法だと思いました。最初は、となりの人としゃべるこ
とが少し不安だったけど、話すうちにだんだんなれてきて、
今では、となりの人がわからなかったら、その人がわかるよう
にちゃんとわかりやすく教えられるようにがんばっています
そして、自分がわからないところを教えてくれたりすると私の
理解力もあがるなと思いました。

↑ペアで学んだ生徒の感想

「この連立方程式どうやって解くの？」

$$\begin{cases} 2x+5y=600 & \cdots\cdots ① \\ x=2y+30 & \cdots\cdots ② \end{cases}$$

「定義と定理の違いは？」

質問はする側に主導権がある。何かを質問された場合、必ず答えなければならない。とルールを決めた上で、「項ってなんですか？とペア相手に聞いてください」などと言います。先に言われると答えなければならないから、瞬発的な動きが出てきます。

黒板の５分の１のスペース

コミュニケーション力を高めるための知識・技能は初めから身についている訳ではありません。このような活動をさせながら、よい生徒やよい例を説明し、黒板の５分の１のスペースに書いていきます。『いいね』の見える化をしてあげることで、よい例が広がっていきます。

「○○さんは、一生懸命説明した友達に拍手してあげています。すごいなあ」、「笑顔がいいねえ」、「うなずいて聞くって○○さんのコミュニケーション力高いなあ」などと伝え、黒板の左端の５分の１のスペースに書いていきます。

説明している人が説明してよかったと思える聞き方をできるように聞き手のレベルもあげていきます。教える側の利点「教えることは、二度学ぶこと」なども伝えます。

教師と生徒間で進める授業

教えるべきことを分かりやすく、生徒の集中力も維持させながら進めていきます。菊池先生の講演会はあっという間に時間がたちます。聞き入って、内容に集中し、参加できるからです。また、聞き手がそのようになる教師のパフォーマンス力を菊池先生が実践されているからです。生徒も同じです。教師が会話のボールを生徒に渡し、互いでキャッチボールさせながら、教師が次のボールを渡す。この例でいくと、昔の私は、生徒がキャッチャーでひたすらボールを一方的に投げ続けていたということです。これでは、学びのよさや楽しさは伝わりませんね。教師が1度説明した内容をお互いで説明し合うのもよいです。

「今、先生が説明した内容を隣の人に説明しよう」または、「今の説明で疑問に思ったことを出し合いましょう」と伝えて、互いに説明していきます。このように、互いで話をしながら進める授業では、教師が出した問いに教師が説明するより、一度自分の中で考えることに、問題や疑問が生まれ、教師の説明が自分の中に入りやすくなります。また、教師が一度説明した内容をペアで説明し合うことも、一度の説明で分からなかったことや新たな疑問が生まれ、理解を深めることができます。

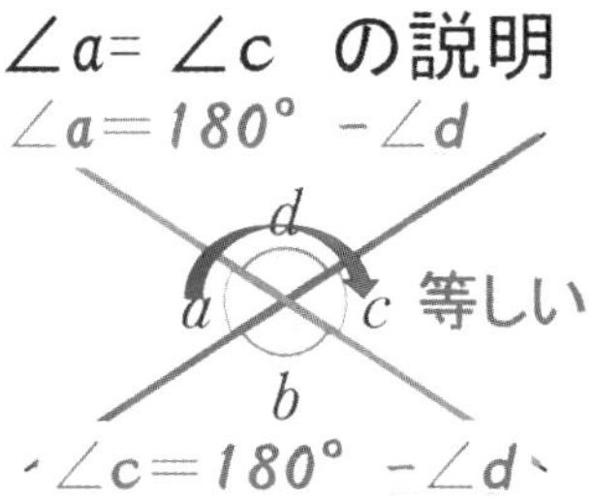

2時間完結授業

3か月のペアでの活動を繰り返し、説明すること、聞くことの基本的な形がある程度できてくると、授業の型を少し変えて、2時間完結授業にしていきます。「教え合い活動がよいのは分かるけれど、そのような活動をどこで入れるか？」そのような悩みを解決するのが、2時間完結授業です。2時間完結授業とは、授業の約半分は前時までの内容を教え合い、半分は本時の内容を行う授業ことです。2時間めの教え合いで1時間分の授業が完結します。

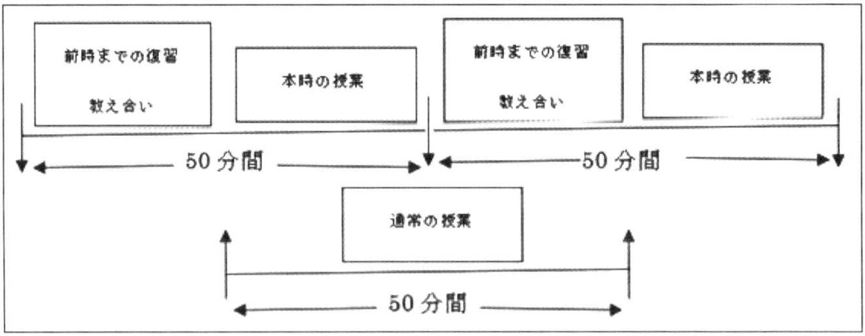

この2時間完結授業の利点は、理解できた生徒が教えることで、教師役が増え、全員の理解が早くなるということです。T2の先生も含めて、

教師役が一斉に動き、まだ理解ができない生徒に教えて回ります。教師役にもメリットがあります。インプットした内容を、問題を解くことで1回めのアウトプットができ、教えることで２回めのアウトプットができるということです。また、主体的な学びになるので、教える方も、習う方も学ぶ意欲が高まり、教室の様々なところで「新たな学び」が生まれます。前後の黒板を使ったりノートや紙に書き込み説明したりする生徒も出てきます。このような活動をすることで新たなよさが出てきます。これをまた教師が教室全体に広げていきます。このような活動を初めから完璧にできる訳ではありませんが、この活動のよさを、黒板の５分の1のスペースに価値語を書き、普段のペア活動を充実させることで、学び合いができるようになります。この活動をし始めてから、生徒の成長や可能性に驚かされることがたくさんあります。一番嬉しい言葉が「ああ、分かった！」と生徒がスッキリしたときです。このような声が教室から広がります。「こんなすごい活動ができる生徒を今までは席にずっと座らせていたか」と考えると本当に申し訳ない気持ちになります。

〈前半の教え合いの内容〉

① 前時までの小テストを解く（5分）

基本的な問題と応用問題も入れる。小テストには前時だけの内容ではなく、これまでの復習も入れる。1回で理解できなかった問題も理解できるようになる。

② 解答（2分）

口頭や電子黒板で確認。

③ 自由に立ち歩き教え合い（8分）

キーワードは「今の自分より成長」、1問でも「できない」を「できる」理解できるようになればすごいこと。と伝え、教師はよい動きや学びを座席表にメモし、学び合いがよりよく

なるように全体に広げる。

〈後半の授業での内容〉

教師が主として説明をしていきますが、基本の会話のキャッチボールは変わりません。ここでは、丁寧に分かりやすく教えるために、パワーポイントを使い、リズムよく、説明していきます。下記は、授業の一部です。

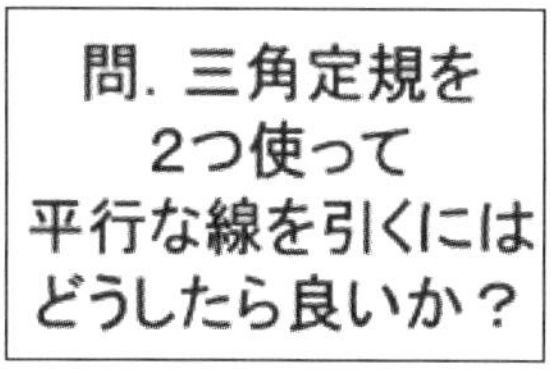

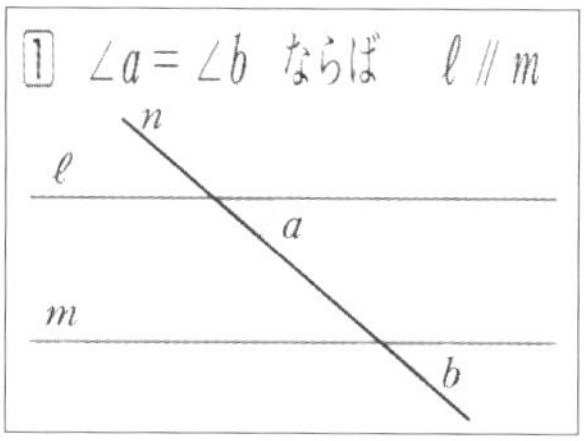

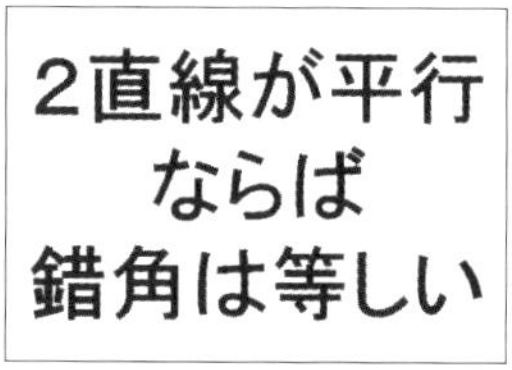

「三角定規を使って平行線を引くには？」生徒に互いで確認させます。
「○○さんが説明していた通り、このようにすれば平行線が描けます」
「これを簡単に表したのがこれです」(右のスライド２番目)
「実は、これも言えます」(スライド３番目)
「なぜこれが言えるのか隣の人と相談しましょう」

難しいようなら、

「前の授業で習った３つの言葉あったでしょ？覚えている人？言える人？」

対頂角という言葉が出てきたら、「対頂角は等しい」と黒板に書き、また、ペアで相談させます。ここで、出てこなくても考えていることがすごいことなのだと伝えます。このあとに、分かった生徒に発表させ、もう一度相談し、さらに教師が説明します。このあと、習ったことを使う(アウトプット)時間を与えます。できた生徒には○をつけて、①と書きます。○をもらった生徒は、立ち上がり○つけに動きます。教師は何名かに○をつけたら、全体を見渡し、よいところをメモします。40名学級なら、㊵になるまで教えます。このとき、ほめるポイントは、○をつけている生徒が教えた時の動き、習う生徒の動き、コミュニケーションの基本の相手軸である生徒を見つけることです。全体が終わったところで、このよさを全体で確認し、共通理解していきます。

〈ふり返り表へのコメントでつながる〉

生徒の授業の感想に、授業で伝えることができなかった生徒の頑張りを書いて伝えます。

生徒：今日の教え合いで、○○さんがもう一度解き直し、正解していました。教えるのは難しいけど、○○さんができるようになって嬉しかったです。

教師：いつも困っている友達を自分から探し、丁寧に教えてくれてありがとうございます。できるようになった○○さんも素晴らしいですが、友達ができるようになって喜ぶ○○さんも素晴らしいです。

このようなコメントを書くためには、教え合いの時には常にメモをとります。メインで教えるとき以外は、教室の隅で全体の動きを見ます。「なぜ、この子は急いで戻ったのか？なるほど。自分で書いたノートを見せながら説明するためか」。様々な生徒の頑張りが見えます。

4 ふり返り（まとめ）

授業の中でどれだけ生徒同士で関わりをもたせながら進めていくか、これを常に意識しています。生徒の中でしっくりときた成長を教師がピンポイントで認め、そのよさを全体で伝えると、教室中によさが広がっていきます。授業での進め方のパターンはたくさんありますが、例えば、教え合いの時間をつくっても、うまくいかない場合、問題がどこにあるのか考えます。クラスの友達同士の横のつながりがないと、うまく回らない場合もあります。その場合は、ペアでつながりをつくることに徹します。また、私の場合は、自分が思っている以上に自分の表情に気をつけます。生徒にコミュニケーション力を教える前に、教師の術を確認します。菊池先生の著書『1時間の授業で子どもを育てるコミュニケーション術100』（中村堂）や『授業がうまい教師のすごいコミュニケーション術』（学陽書房）の内容のまとめは週案にすべて記載し、確認します。授業がうまくいかないときはこの内容をふり返ると、ほとんど解決します。「ああ、自分の硬さが生徒の硬さにつながったのか」と反省します。

実際に同じ内容を他のクラスで、表情やパフォーマンス術を意識しながらやると生徒の動きや学びも変わってきます。このときに、菊池先生から紹介があった言葉を思い出します。『コミュニケーションは鏡。鏡は先に笑わない』。教師自身がコミュニケーション力や術を学び、それを活かした授業をまずは実践しない限り、生徒のコミュニケーション力は上がらない。生徒のコミュニケーション力が上がらなければ、教育は衰えてしまいます。生徒の明るい未来のために学び続けます。学んだことは、実践して使わなければ、身につかず、自分の術になりません。菊池先生の実践をすごいなあと関心して終わってはいけません。是非一度、インプットした内容をアウトプットしてみてください。自分のよさや改善点を見つけることができ、今のもっている自分の「授業観」が変わります。これからも、生徒のために自分を磨き、生徒と共に成長することで、これまで学ばせてもらった方々にお礼として返すことができればと考えています。覚悟を決めて、これからも吸収し、実践し、反省、修正、成長でいきます。

第４章

『菊池実践』を教科で活かす

４ 理科
学びの規模の拡大を図る理科の実践

愛知県額田郡幸田町立幸田小学校　　近藤　史親

１ 現状と課題、菊池実践の必要性

（1）３年間で思考が凝り固まってしまう多くの子どもたち

『〔エネルギー〕や〔仕事〕と聞いて思いつくことをできるだけたくさん挙げましょう。日本の中学３年生の平均は５分で30個だそうですよ。はい用意、スタート！』

私は前任校の中学校で、３年生の理科を担当することが多くありました。３年生の【運動とエネルギー】の単元の最初に、このような授業開きをよく行っていました。

新任の頃、私は１年生を担当していました。小学校から上がってきたばかりの子どもたちの頭の柔らかさをとても感じていました。こちらの問いかけに対して、即興力とユーモアのある柔軟な返答がたくさん見られたからです。今になってみるとそれは、小学校の先生方の努力の賜物であるととても感じます。その後、３年生を多く担当するようになると、思考が凝り固まってしまっている子どもたちが、どの年度においても多いことに気がつきました。中学校の２年間で、高校受験をいやおうなしに意識してしまい、知識偏重になっているのだと考えられます。

先ほどの問いかけの場面に戻ります。テストの点数の高い真面目な子ほど、〔風力エネルギー〕〔原子力エネルギー〕などのような、教科書に書いてある５、６個の模範的な単語を書いて鉛筆が止まってしまいます。それに対して、『どんなことでもいいんですよ。朝起きてから、学校に来るまでの間のことでもいいですし、自分の部活動のことでもいいです。テレビ番組やＣＭのワードでも何でもいいです。とにかく頭を柔らかくしてたくさんノートに書き出してください』と伝えます。すると、それを

きっかけに、ガソリンスタンドの名前や、漫画のキャラクターや技、家電製品の名前など、自分の生活に密着した語句を書き始める子が現れます。中には100個近く書いた子もいました。それでも、いわゆる成績のよい子はなかなか知識偏重の殻を破れずに思考が止まってしまうのが現状です。

(2) 公社会に通用する個を育成する

教育基本法の第一条に、「平和で民主的な国家及び社会の形成者として必要な資質を備えた心身ともに健康な国民の育成」とあります。菊池道場では、子ども同士の多様なコミュニケーションを通し、個と集団が社会化する様々な経験をすることで、民主的なよりよい社会の創り手となる考え続ける人を育てることをめざしています。

新学習指導要領においても、既習の内容や生活経験を生かして、理科の見方・考え方を働かせた探究活動を行うことを通して、三つの資質・能力の育成をめざしています。このような探究の過程の中で、実験や観察の結果を基にして、根拠をもって仲間と議論し合い、考察を深めていくことは、自然科学の発展の歴史から見てもとても重要なことです。

先ほどの授業開きの場面では、列指名で子どもたちに語句をどんどん発表させます。一つの正解を追い求める授業に慣れてしまっている子の中には、奇抜な語句が出るたびに、「それもいいのか！」という驚きの表情を浮かべる子もいます。他者の柔軟で多様な考えに触れることで、自分の世界が広がっていく。このような直接的なコミュニケーションではないことも含め、子ども同士が相互に関係し、学び合うことの一つ一つの積み重ねを通して、個と集団が成長していくと考えます。

(3) 理科と菊池実践

このように理科では教科の特性上、実験結果や観察を踏まえ、根拠をもった自分の考えを基に、他者と議論をする場面が多くあります。自然科学は、理論と実験、そしてそれらを基にした科学者同士のディスカッションを通して発展してきました。理科は、その一端を体験できるとても貴重な教科です。ゆえにコミュニケーション教育に力を入れている菊池実践と理科との親和性は非常に高いと言えます。

2 1年間の見通し、めざす成長の姿

(1) 授業での子ども同士の関係性の構築【ほめて、認めて、励ます】

コミュニケーション教育にとって一番の基礎となることは、子ども同士の温かな関係性です。温かな関係性の構築は教育活動のすべてで行われるものです。小学校であれば担任の先生が、朝から帰りまでほぼすべての時間にわたって行うことができます。中学校では、ともすると担当教科によっては、その学期に自分のクラスの授業に入ることができない方もいます。その場合、朝と給食と帰りと休みの時間のみが子どもたちと過ごせる時間となります。また、子どもたちが過ごす１日の大半の時間は授業時間です。授業の中で、子ども同士の温かな関係性を創り上げることがとても大切です。そのため中学校では、学年団の教員のチームワークがとても重要になってきます。授業の中で子ども同士の温かな関係性を築くのだという共通認識を学年の先生方の間でしっかりもち、それぞれの先生の立場で指導にあたっていくことが必要です。

授業の中でも、子どもたち一人ひとりへの適切な声かけが大切です。基本は、「ほめて、認めて、励ます」です。そのためには、個をしっかり見取る【教師のみる目】が必要です。毎日の職員室での学年団での会話や、学年会等での会話では、授業における子どもたちの輝いている姿、よい面を伝え合いたいものです。そうすることで、子どもたちの様々な新たな一面が見えてくるとともに、【教師のみる目】をお互いに高め合うことができると考えます。

理科室には実験机があり、子どもたちは対面で実験や観察などの活動を行います。それら具体物を基に思考し、議論し合います。子どもたちは理科室内で躍動し、教師もアクティブに机間指導ができます。教師にとって、個に対する声かけや、子ども同士をつなぐ声かけをしやすい環

境にあります。知識・技能面のみの声かけではなく、学びに向かう姿勢や考えようとしている子どもの内面を積極的に「ほめて、認めて、励まし」ます。教師が積極的に、意図的に行うことで、自然と子ども同士でもそのような声かけが増えていき、温かな関係性の土台ができ上がっていきます。

(2) 実験方法のアレンジの機会を確保する

新学習指導要領では、実験等の計画の立案から観察・実験、結果の処理、考察・推論までを、見通しをもって行い、ふり返ることで時にもう一度、実験計画の立案を考え直す学習の過程を大切にしています。期待した結果が得られなかったり、考察したことで新たな検証実験や観察を行いたくなったりする場面です。限られた年間の授業時数の中で、毎時間行うことは大変ですが、子どもたちのこういった学びに対する姿勢をできる限り大切にしたいものです。そのためには、年間のカリキュラムを教師がしっかり見通し、大単元や小単元に軽重をつけることで、時間を生み出すことが重要です。

やらされるだけの実験、おもしろいだけの実験ではなく、子どもたちで話し合い、実験の計画を立案し、実験道具を準備し、結果から得られた考察を基に議論して、新たな実験の計画を立案する。この過程は、子どもたちが将来、大人になった時に未知の課題を解決して、よりよい社会を創っていくプロセスそのものです。理科はこのプロセスをほぼ毎回行うことができるとても貴重な教科です。温かな学び合う土台があることで、安心感の中で、グループで話し合い、議論をし、コミュニケーション力を高めていく。その過程をしっかりと教師が常に見取り、「ほめて、認めて、励まし」たり、よい行動や内面の姿勢を学級全体にほめ言葉として返したりすることで子ども同士をつないでいきます。教師は教えることのみではなく、つなぐという意識をもって日々の授業にあたっていくことが大切であると考えます。

(3) 学びの規模の拡大の機会を設ける

各学期に１回程度、先述の (2) をさらに拡大したものを行います。単元の中で子どもが気づいたことや教師によるテーマで、解決するには複数のステップが必要な、やや高い課題を設定させます。その課題を解決するために、複数時間の授業時間を確保し、子どもたちに十分な時間を与えます。また、理科室のみではなく、自宅での調べ学習や、図書室や図書館の書籍を活用し、空間的な学びの規模も大きくします。最後はそれらをグループでまとめ、クラス全体に伝達します。詳しくは次の項で実践として紹介します。

3 実践紹介

(1) 毎時間の授業の導入場面

「起立、気をつけ。今から理科の勉強を始めます。お願いします。着席。それでは前回の復習をします。分かったことや、疑問、やってみたいことなど何でもいいので発表してください」

これは私の毎回の理科の授業の最初の場面です。理科の教科委員の子が、始業の号令をかけ、ほかの子たちが着席する中、自席でそのまま立ったままで司会を行います。その後、私が実験机に割り振られた番号（４人掛けの机なので１～４）を伝えます。すると該当する番号の子たちが発言をするために挙手をします。最初の指名は教科委員の子が行います。該当する番号の子は、何を言ってもよい代わりに、前の人と違う意見を言うことを約束しています。そうすることで、子どもたちは自ずと自分の意見や考え、感想を早く発表したくなります。最初の子の発言以降は、子ども同士の相互指名によってテンポよく意見を集め、教師がそれを黒板に板書します。１時間の授業の最初の場面において、挙手・指名によるリズムとテンポを作り出すのです。この間、教師は番号について一言言うのみで、子どもたち主導で進んでいきます。

該当する番号の子が全員言い終わると、教科委員の子が「ありがとうございました。それでは今出たことを基にして、今日は○○を確かめたい（○○の実験をしたい）と思います」と全体に告げて授業がスタートします。

その日の番号は、教師が言うまで分かりません。また、番号は毎回ランダムで規則性がありません。そのため、子どもたちは理科室に入ってくると、前回までの授業でノートに書いた自分の考えや実験結果を見返して内容を思い出したり、友達同士で会話をする中で思い出したりしています。個がしっかりと自立し、その上で仲間とコミュニケーションを取る場面を授業に入る前からつくり出します。そうすることで、子ども同士の温かな関係性を築いていく一つとしています。

また、理科を担当していたクラスには外国にルーツをもつ子も何人か在籍していました。その子たちも特別扱いすることなく、しっかりと参加させます。最初の頃は、何を言ったらよいのか分からない様子の子や、自分の意見を言うことに対して自信のない様子の子もいます。〔どんなことでもいい、何を言ってもいい、ただ前の人と違うことを言うこと〕というグランドルールがあるため、その子が言ったどんな意見も、教師は全力で「ほめて、認めて、励ます」ことができます。このように、教師が「一人も見捨てない」姿勢を示すことで、周りの子たちもその子たちに協力し始めました。隣の子が「この前の○○の実験どう思ったか言える？」とそっと聞いてあげたり、ノートをのぞき込むように見て「ほら、ここに書いてあるよ。この感想を言えばいいよ」とアドバイスしてあげたりする姿が多く見られました。教師は「一人をつくらない」「一人も見捨てない」という気持ちをもち、発表する子の堂々とした「一人が美しい」姿を見取り、それらのよさを子どもたちに返していくことが大切だと感じています。それらの過程を通して、外国にルーツをもつ子たちも、同じグループの子たちと前の時間の授業の話をしながら安心感をもって集団に溶け込んでいる姿がたくさん見られました（こうしたことは、もちろん担任の先生方の子どもたちに対する日々の温かな接し方が根底にあることは言うまでもありません）。

(2) ノートの活用

自然科学の世界では実験ノートは大変重要です。しかし、理科の授業では、実験ノートとしての使い方のほかにも子ども同士の温かな関係性を築くための活用も大切です。ノートの上でも子どもたちのコミュニケーションを意識していきます。

まずはとにかくたくさん書くことが大切です。自分の考えていることを言葉にして書くことで、思考が整理され、自分の考えを客観的に認知でき、考えを深めていくことができます。書かずに頭の中のみで考えていると思考を焦点化しづらく、考えを深めにくい傾向があると考えます。また、ノートに自分の考えを書くことは、子どもたちにとって発言の確保にもなります。発言には音声発言だけではなく、ノート発言、表情発言などがあると言われています。ノートに自分の考えを書くことは、自分から学びに向かって行くことでもあります。そして、その学びの姿勢の質を評価することも大切ですが、量についても評価します。質を評価することで内容が深まり、量を評価することで子ども自身の学びへの姿勢が高まると考えています。

私は、子どもたちへの個別の声かけはもちろんですが、ノートにスタンプを押し、その数で目に見える形での評価を行っていました。基本的なことが書けていればスタンプ１個、それをベースにして$+\alpha$で書けていればスタンプが増えていく仕組みです。授業の始まる前のちょっとした時間や、授業中の机間指導、ノートの回収の際にスタンプを押しました。中学生といえどもスタンプをもらうのが嬉しいようで、子ども同士で「ええ！　すごい！　このページ、スタンプ５個ももらってるじゃん！」とノートを見合っている姿がありました。

内容として重視していたことは、友達の意見や考えを自分のノートに赤色でプラスして書けているか、友達の意見と自分の考えをミックスして新たな考えを生み出しているかという点です。このことは新学習指導要領でも重視されていることです。友達の意見を赤で書き、自分の意見と区別することで、お互いの考えを比較したり、融合したりして新しい考えを生み出していきます。これらの過程も、子どもたちの間接的なコミュニケーションと言えると考えています。

（3）学期に一度の「学びの規模の拡大」

年に数回、学期に１回程度の頻度で、学びの規模を拡大した単元を組みました。その中でも私が取り組んだ、「オリジナル電池を作ろう」の実践を紹介します。３年生の「化学変化とイオン」の分野です。化学変化とイオンについての基本を学んだあとに行いました。

電池についての基礎知識を学んでいない状態で、教師側から課題を提示しました。調べ学習２時間、実験２時間、まとめと発表２時間の計６時間で完了です。作る電池の条件は、豆電球をつけたり、ＩＣレコーダーを鳴らすなど、電池として使えるものということにしました。

調べ学習では、『教科書を使ってもいいし、今までのイオンの学習内容を使ってもいいし、資料集を使ってもいい。資料が足りなければ、図書室に行って本を借りてもいいし、それでも足りなければ自宅でインターネットを使って調べたり、町の図書館で本を借りてきたりしてもいいよ』と子どもたちに伝えました。

子どもたち自身、完全に一から自分で調べながら問題を解決していくことが初めてだったようで、とても目を輝かせながら取り組んでいました。私としても数か月間、授業の中での子どもたちのコミュニケーションを重視した取り組みの結果を確認できる場として意識しました。

中学校は学習内容が多いため、小学校に比べてなかなかこのような時間の確保が難しいのが現状です。どの教科においても机に座ったままの教科書と黒板を使った授業が多くなりがちです。図書室に行って本を借りてきてもよい、何を使ってどんなふうに調べてもよい、自分たちの机にしばられなくてもよいとすることで、子どもたちの学びの自由度が広がり、活発な学び合いが多く見られるようになります。

「先生、図書室に行って本を借りてきてもいいですか？」授業が始まると早速、分厚い本を借りに行く子が出てきました。それに対して、『すごいなあ。教科書や資料集ではもの足らず、もっと深い内容を知りたいんですよね。なるほど、図書室に行って借りてきてもいいんだったね！』と、その子を認めながら、周りの子たちに学びの規模の拡大を伝えました。すると続々と借りに行く子が現れ、普段は難しい内容に躊躇してしまう子も一生懸命に読みふけっている姿が多く見られました（写真１）。

写真１：分厚い本を集中して読み込んでいる

中には写真２のように思わず立ち上がり、前のめりになって本を見ている子もいました。この子は写真を撮られているのもそっちのけで集中していました。『集中しすぎて、思わず立って前のめりになっている人がいます。これが学びに向かう姿勢ですね』とすかさず内面を「ほめて、認めて、励まし」ました。

写真２：前のめりの姿勢で資料を読んでいる

すると、今度は写真３のようにグループの中で資料に頭を突き合わせながら、お互いの資料を基にして質問したり、説明したり、議論したりする子たちが現れました。

写真３：資料を基に議論を展開している

また、普段は理科に苦手意識をもっている子が、自分の借りてきた資料を理科が得意な子に見せ、少し得意げに説明している様子も見られました。理科が得意な子も、謙虚な姿勢でその子の説明を聞き、「ああ、なるほどね！　そっかあ！」とその子のことを温かく認める声が聞こえてきました（写真４）。

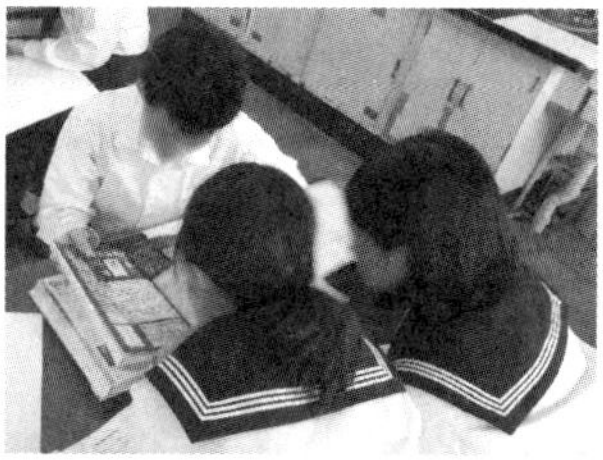
写真４：仲間の話を聞き合う温かな様子

写真５のように男女分け隔てなく活発に

議論している班も多く見られました。これは理科の授業の指導だけではなく、担任の先生の学級経営やほかの教科の先生方の指導があって実現するものです。そのようなチームでの指導があるからこそ、学びの拡大によって、机だけでは収まりきらず、窓辺のスペースを使って、男女が自然と頭を突き合わせて学習を進める姿も現れるのだと思います。子どもたちの学びに向かう姿勢をとても感じる素敵な場面でした。

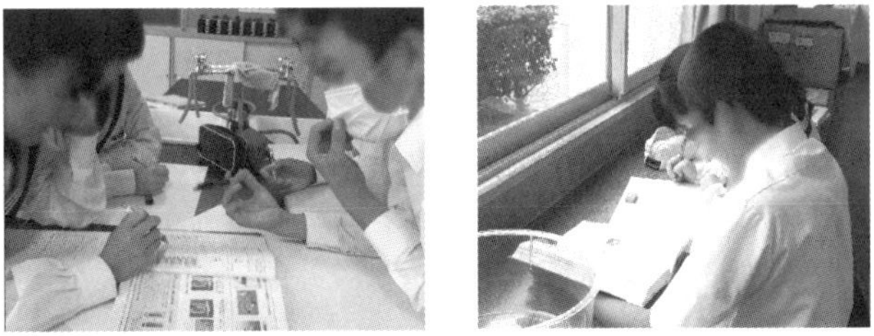

写真５：男女分け隔てなく議論を真剣に楽しんでいる様子

ある班の子から、「先生、ここがちょっと分からないんですが…」という質問が出ました。その話を別の班でしていたので、『ちょうどあっちでその話をしていたよ。よし、あの班に遊撃しに行きますか！』と声をかけるとその子たちは意気揚々と出かけて行きました。迎え入れた班の子も丁寧に説明し、徹底的に議論をすることで最後はみんなで笑顔になっていました（写真６）。

写真６：遊撃隊に集まる生徒たち

また、途中でいろいろな子が入れ代わり立ち代わり集まり、学び合う姿がありました。このような様子はクラスのあちらこちらで見られ、温かで活発な学び合いが行われていました（写真７）。教師が子ども同士を意図的につなぐことで、中学生だからこそできる、より豊かな学び合いの風土がつくられます。「よりよい社会を創る、考え続ける人」を育てる上で、そのことはとても大切

写真７：ほかの班に学びに行く様子

だと感じています。

４ ふり返り（まとめ）

今回の実践は、３年前に私が菊池実践を学び始めた直後に行ったものです。今ふり返ると、コミュニケーション教育の要素をもっと意図的に取り入れるべきであったと反省する部分も多くあります。しかし、菊池実践を学んだすぐにでも、その一端を実践に取り入れることが可能であるということだと思います。私はこの半年後に小学校に異動になったため、これまで述べてきたような中学校での菊池実践を改善していくということは行えていません。しかし、このように日々の教育活動の中で実践をし、改善をし、様々な書籍や過去の歴史、同じ教育観を志す仲間と学びを深め、それを踏まえて実践していく、この繰り返しが大切であると感じています。

私自身このあと、仲間と共に学級ディベートについて学びを深めました。小学校の理科の授業において、学びが深まりそうな場面で学級ディベートを導入しました。実際のディベート形式ではなく、ディベート的な議論の要素を取り入れ、教師が議論の流れを整理して話し合い活動を行いました。小学校３年生での実践でしたが、中学生も顔負けの意見が生まれ、子どもたちも必死に議論し、とても学び合いが深まったことを覚えています。

私は特別支援学級の担任をしています。そのため、今回の実践を学級経営と絡めて行うことはできませんでした。この実践は、担任の先生の学級経営やほかの教科の先生の指導の上に成り立っていると感じています。教員同士がコミュニケーションを積極的に取り合い、大人も温かな関係性を築き上げることがとても大切だと感じています。これからもお互いに感謝し合い、協力して、チームとして子どもたちにとってよりよい教育活動を行っていきます。

第４章

『菊池実践』を教科で活かす

5 音楽
音楽は豊かな人生の伴奏者

福岡県北九州市立黒崎中学校　　肘井　千佳

1　現状と課題、菊池実践の必要性

新型コロナウイルス感染予防対策のための新しい生活様式は、音楽科の授業や音楽活動に大きな影響をもたらしています。音楽の授業の中心であった「合唱」は大きな制限を受け、これまでの「当たり前」が全く通用しません。2020年は、合唱コンクールや文化祭での学年合唱は中止されたり、短い練習期間で演奏できる合唱曲の選曲で合唱コンクールを実施したりしている現状があります。これまでのように、音楽の授業で身につけた演奏技術を、合唱コンクールや学年合唱という行事や取り組みを通して、リーダーが中心となり、生徒同士が練習の中で対話したり、折り合ったりしながら歌声と心を磨き、合唱に込めた思いを聴き手に届ける歌声とはどんなものなのか？まさに、「答えのない問い」に真っ向から向き合う「合唱コンクール」や「学年合唱」は、「主体的対話的で深い学び」アクティブ・ラーニングそのものであると同時に、子どもたちにとって自分の成長と集団としての成長を感じることのできる行事であり、これまでの取り組みは、大きな感動体験として、子どもたちの記憶に刻まれています。あわせて、我々教員や保護者にとっても子どもの成長を実感する瞬間であり、大きな喜びを感じることのできる行事であったことに改めて気づかされるのです。

多くの音楽科教員は、新型コロナウイルスによってもたらされた多くの困難をこれまでの当たり前を見直すチャンスと捉えています。そもそも、合唱することが目的になってはいなかっただろうか？別の手段でも、表現力は身につけることができるのではないか？そもそも、身につけさせたい力とは何なのか？音楽科の学力とは一体何なのだろう？これらの

問いに、見方や考え方を働かせ、真っ向から向き合っています。

しかし、現実はこれまでのような音楽活動が学校でできない状況下において、音楽科教員の一人として、具体的にどのような音楽活動に取り組めばよいのだろうかと迷いもあります。そんな時、一人ひとりを認め育てる菊池実践の理念はその迷いを晴らすヒントと道標を与えてくれるのです。そして、音楽科教育の地図は「学習指導要領の目標」にほかなりません。

以下は、新中学校音楽科の学習指導要領の目標です。

> 表現及び鑑賞の幅広い活動を通して、音楽的な見方・考え方を働かせ、生活や社会の中の音や音楽、音楽文化と豊かに関わる資質・能力を次のとおり育成することを目指す。
>
> (1) 曲想と音楽の構造や背景などの関わり及び音楽の多様性について理解するとともに、創意工夫を生かした音楽表現をするために必要な技能を身に付けるようにする。
>
> (2) 音楽表現を創意工夫することや、音楽のよさや美しさを味わって聴くことができるようにする。
>
> (3) 音楽活動の楽しさを体験することを通して、音楽を愛好する心情を育むとともに、音楽に対する感性を豊かにし、音楽に親しんでいく態度を養い、豊かな情操を培う。

この目標のめざすところと菊池実践の共通点は、______の部分です。菊池実践の「ほめ言葉のシャワー」をこの目標にあてはめてみるとぴったりと合います。

> 「ほめ言葉のシャワー」の活動を通して、人のよいところを見つけるという見方・考え方を働かせ、人と豊かなに関わる資質・能力を育成する。

これに気がついたとき、自分自身が菊池実践の理念を生徒指導の基本と捉え、取り組んできたことが間違ってはいなかったと実感しました。先の見通しがもてない今の時代に必要な能力は、自ら行動し、自ら考え（働かせ）、関わる人間力にほかなりません。まさに、時代が菊池実践に追いついてきたのです。そして、生徒が豊かな人生を送る一つの手段として「音楽」が存在するのです。素晴らしい音楽に出会わせる使命が我々音楽科教員にはあると確信しています。

2 めざす成長の姿

音楽科では、9年間を見通し、めざす成長の姿を描くことが大切です。なぜなら、音楽科の学習指導要領では、小学校も中学校もほぼ同じ目標が示されているからです。小学校1年生から中学3年生まで「歌唱・器楽・創作・鑑賞」の領域・分野において、同じような学習活動に取り組みます。

音楽の授業を通して子どもたちが、音楽的な見方・考え方を働かせ、生活や社会の中の音や音楽、(音楽文化) と豊かに関わる姿がめざす成長の姿にほかなりません。

「音楽的な見方・考え方」とは、「音楽の授業での学び」を「音楽科という教科の特質に向かった学び」とするものです。合唱の授業を例に具体的に説明します。

合唱の授業で子どもたちが学ぶこととは、「発声の仕方」「意欲的な姿勢」「旋律の仕組み」「パートで協力すること」「ハーモニーの美しさ」「歌を通して伝えたいメッセージ」等、様々あります。授業の最後にふり返りをした時、子どもが「今日は、グループの仲間と協力して歌うことができてよかった」と書いたとします。子どもにとって大切な学びであることは間違いありませんが、「音楽科という教科でしか学べないこと」でしょうか。一方、「今日は、グループの仲間と『強弱』について意見交流して、曲の最後の部分を力強く工夫することができて、希望にあふれる気持ちを表現することができた」と書いている子どもは、本時のねらいであった「強弱」について着目することができていたと考えられます。ほかの人と協力することの大切さを学ぶことは重要なことではありますが、音や音楽を『強弱』などの音楽を形づくっている要素や、その働きの視点で捉えることは、音楽の授業だから働かせたい見方です。「見方・考え方」は、「深い学び」にとって鍵となるものなのです。

音楽的な見方・考え方を『働かせる』、生活や社会の中の音や音楽、音楽文化と豊かに『関わる』のは、子ども自身です。特に留意したいことは『豊かに関わる』ということです。日常的に音楽は生活にあふれかえっていることを考えると、『普通に関わる』なら簡単に誰でもどこでもできます。だからこそ、日常では関わることのできない音や音楽に子どもたちを出会わせ、体験させる。「知る」～「関わる」～「認める」ことにつながるのです。これこそは「菊池実践」そのものです。

「菊池実践」で培った表現力や共感力をもち、音楽的な見方・考え方の視点を音楽の授業でしっかりともたせ、働かせることを繰り返していくことが、その学年１年間、小中学校９年間の見通しとなり、「歌唱」「器楽」「創作（音楽作り）」「鑑賞」を通して豊かな感性で自己表現する姿がめざす子どもの姿なのです。

音楽の活動の中で「歌唱」「器楽」は音楽室の中だけでは完結しません。演奏には聴衆が必要です。学校行事と音楽の授業をつなぐことも音楽科教員の責務です。行事の取り組みの時間には、合唱活動や器楽合奏を通して、協働したり共感したりして、コミュニケーション能力を高めることが必要です。音楽的な見方・考え方を働かせる子どもたちは「音楽を形づくっている要素」をよりどころとして、対話できるに違いありません。その力を身につけるための時間が音楽の授業です。学校行事と音楽活動を上手に融合させ、生徒に表現する素晴らしさを味わわせるためには、演奏技能も不可欠です。しかし、限られた授業時間だけでは演奏技術の向上のための時間を十分にとることはできません。しかし、学級活動で取り組むことができれば時間の確保はできます。自主的に放課後練習をしたり、ICT を活用して自宅で練習したりすることもできます。中学校ではこれまでの音楽活動の経験を活かし、自主的に音楽と関わる中で、音楽によって人の心がつながっていくことを実感させたいと考えます。

音楽は多様性を認めなくては成り立ちません。同じ曲でも指揮者の解釈によってはまったく趣の違う演奏となります。音楽をよい悪いで判断するのではなく、「どんなところが琴線に触れたのか」を感じる感性が大切です。そして、「なぜ、そのような解釈に至ったのか」を相手に理解してもらえるように自分の言葉で説明することで、自分の感性を認知することができるのです。音楽室を飛び出した生徒の音楽が、学校中に広がり、そこに集う人々を感動させ、心が豊かになる瞬間が学校行事の中の音楽の姿なのです。

3 実践紹介

1「音楽室での学習が活かされる学級活動」

ボディーパーカッションを数多く作曲され、指導者としてもご活躍されている山田俊之先生はボディーパーカッションの効果を次のように述べています。

第一は「音程がなくても簡単に音楽として演奏が楽しめること」

リズムの楽しさや手拍子や足踏み、あるいはおなかやお尻など叩く場所を様々に組み合わせて叩くことで、その音色と視覚的な要素が演奏に加わり、楽曲として成立する。

第二は「誰でも楽しめる音楽」

ボディーパーカッションの曲は、様々なリズム・アンサンブルを組み合わせていく中で、パートによって簡単なパートや難しいパートが出てくる。それらを子どもたちの実情や能力に合わせ、パートの難易度を分けることで誰もが参加しやすくなる。

第三は「うまくリズムが合わせられない子どもへの配慮ができる」

ボディーパーカッションを打楽器の合奏として考えたとき、打つタイミングがずれる子どもたちがいた場合でも、それは間違えた人が少ない場合は装飾音符として考えられる。ハンディキャップがあり、うまくリズムが合わせられない子どもたちへの配慮も可能になる。

山田俊之先生のボディーパーカッションへの思いを知り、音楽の原点を見つめ直しました。子どもたちが主体的に音楽と向き合い、楽しく活動することを目標に、文化祭での３年生の学年ステージで「ボディーパーカッション」に取り組むことにしました。

まず、各学級からリーダーたちに担当するリズムを教えました。その際、担任の先生にも都合がつく方には同席していただき、一緒に練習をしました。３０分位でだいたいリズムを打つことができるようになりました。翌日から、各学級で朝自習の時間を活用しての練習が始まりました。まずは「型」を整えることが大切だと考えました。文化祭を行うにあたって、生徒会を中心にテーマを決めたり、スローガンを決めたりします。生徒たちは文化祭を成功させようと意欲的に何事にも取り組もうとします。啐啄同時です。菊池実践を学級活動で担任として取り組んでいると、この瞬間を実感することができます。啐啄同時を感じたら、生徒にも担任の先生にも前向きになる言葉をかけます。音楽科教員は生徒と担任の先生を支える役に徹します。

選曲した「クラップ&ストンプ」には決められたリズムだけでなく、自由にアドリブを入れる部分が設けられています。その部分は学級でパフォーマンスを考えてもらうことにしました。イメージしやすいように、県内の高等学校の文化祭で演奏された映像をリーダーに見せました。「何でもいいですか？」「見ている人が喜んでくれるようなパフォーマンスがいいな」と大いに盛り上がりました。パフォーマンスの条件として次の３つを挙げました。

①学級全員が参加する。

②パフォーマンスは１分以内とし、それ以上になる場合は相談する。

③観客が楽しくなるパフォーマンスをする。

各学級、リーダーを中心にパフォーマンスの話し合いが始まりました。アイディアをボディーパーカッションで試しながら熱心に取り組んでいました。リーダー同士が連携し、見ている人が飽きないようにするために、同じようなパフォーマンスにならないように各学級間で調整をしていました。

最初は順調に進んでいましたが、それぞれの学級で問題が発生しました。リーダーとそのほかの生徒の熱意の温度差が原因でした。リーダーは、ほかの学級よりも楽しいパフォーマンスにしようと何度も変更を指示していたのです。変更の意図が伝わらない状況での練習は、リズムも気持ちもバラバラになってしまいます。次第にリーダーに対する不満の声が出てくるようになりました。そこで、一度パフォーマンスも入れた合奏を行ってみることにしました。自分たちの理想とする演奏にどれくらい近づいているのか？客観視する必要があると考えたからです。結果は、散々であったことは言うまでもありません。放課後、各学級のリーダーはこの難局を乗り越えるためにどうすればいいのか？と真剣に話し合いました。「とにかく動いてやってみよう」「相手の気持ちを尊重しよう」ということになり、学級ごとのパフォーマンスは練り直されました。同時に、パフォーマンスを目立たせるためには、基本の合奏を完璧にしておく必要があることにも気がつきました。音楽の学習は、拍を感じながら、正しいリズムでボディーパーカッションに取り組むことですが、正しいリズムを打つためには、どうすればいいのか？何ができていて、何ができてないのか？音楽の授業での生徒の集中力が高くなり、自然と豊かな表現をめざすための土台が築かれていきました。

本番では、それぞれの学級の個性あふれるパフォーマンスとなりました。野球の試合を野球部の生徒が選手役となって登場し、ほかの生徒はその試合を応援している生徒という場面設定でパフォーマンスをしました。会場は温かい笑いに包まれました。ボディーパーカッションも集中して演奏ができました。演奏後「楽しかった」「パフォーマンスが観客にうけて笑いをとれたのがよかった」「最後のかけ声が決まった時は鳥肌がたった」と好評でした。担任の先生方も合唱練習では「大きな声で歌おう」しか言えなかったのですが、ボディーパーカッションは自分も一緒に練習ができるので、生徒への声かけがうまくいきました。また、不登校の生徒にも、家庭訪問の時にリズム楽譜を渡すことができ、自分一人でも練習することができました。文化祭当日、不登校の生徒が登校したときもボディーパーカッションであれば「隣の友だちを横目で見ながら手拍子をすればいいよ」「最後のかけ声だけ合わせよう」と声がかけやすかったのです。

音楽室では「リズム」「テンポ」「強弱」等、音楽の学習に取り組みましたが、学級活動では「人とのつながり」を大切に音楽と関わります。だからこそ、みんなと練習できない生徒も本番にはステージに立つことが許され、自分もこの集団の一員なんだという雰囲気を味わうと共に、相手の状況を理解し受け入れる寛容さが養われるのです。ボディーパーカッションは太古の昔から人間が自然と行っていた演奏であることを、ボディーパーカッションを演奏する生徒の自然で伸び伸びと楽しそうな姿から感じることができました。

この実践を行った生徒たちと５年ぶりに再会した際、この演奏のことは鮮明に記憶していました。生徒たちは「頑張りすぎて、全体のテンポが速くなって、指揮者の肘井先生が必死にテンポを戻そうとしたけど、無理だったね」「リズムは思い出せないけど、とにかくみんなで楽しくやった印象は強い」「音楽の授業でも朝自習でもずっと手を叩いてた」と話してくれました。

２「みんな違って　みんないい声　～　真実を追求する」

音楽の授業で大切なことは自由に表現できる風土をつくることだと考えています。「変声期」は生徒の表現の自由にブレーキをかけることが往々にしてあります。「変声期」とうまく付き合いながら、表現活動を楽しもうとする心情を育てることは、すなわち、他者の表現を認めることになります。１年生の鑑賞「魔王」の学習後に「歌声」について授業を行います。

まず、自分の声の状態がどうなっているのかを、ピアノの音に合わせて声を出し、発声できる最低音と最高音を確認します。次に、映像資料を用いて、自分の声がどんなふうに変化するのかを理解しながら「変声期」を科学的に説明します。真実を伝えることが大切です。「男だから、女だから」と定義するのではなく、あくまでも発声の仕組みにこだわり、正しい発声法を映像資料や人体模型を使って説明すると同時に、実際に声を出してみます。しかし、変声期でうまく声が出ない生徒がいます。最初から声を出そうとしない生徒もいます。そんな時は「今は声がでなくても、正しい姿勢と発声で歌っていれば、変声期が落ち着けば自分がイメージした声が出るよ」「いい声で歌っていると想像して口パクしてみよう」と声をかけます。そして、生徒全員に「人それぞれ成長のスピードは違うということを忘れずにいてほしい」と伝えます。声は人それぞれ違うと言われています。この世には、似た声の人はいても同じ声の人はいないのです。声は唯一無二のものなのです。

そして、岡本知高さんの「翼をください」を聴かせます。岡本知高さんは、男性でありながら女性と同じ音域で歌う声楽家です。ソプラニスタと名乗りテレビ番組にも出演し活躍しています。「この歌声を聞いてどんな人が歌っていると思いますか？」と発問すると、「女の人だと思う」「力強い声だから、身体が大きな人だと思う」等と意見がでます。「実はね…」と言って、彼の歌っている姿を映像で紹介します。生徒は歌っている本人が男性であることに驚きます。「もしも、このクラスに岡本さんのような声で歌う友達がいたらどうかな？」と発問します。生徒は「その人の声なので、その声で歌っていいと思う」等、肯定的な発言をします。しかし、現実はどうでしょうか？自分の声を確認する活動の時に、声の出ない友達を笑ったり、茶化したりしていなかったか？活動の様子をふり返りをさせます。岡本知高さんは「ずっと高い声だったけど、友達は僕の歌声を認めてくれていたので、音楽を楽しんでいた」と語っています。このようなエピソードを交え、自分の声も他人の声も大切にする気持ちが安心感を生み、自由な表現ができる風土をつくるのだと熱く語ります。そして、声の種類は男性、女性で分かれているのではなく、声の音域で分かれているのだと理解させるのです。

この授業を行ったあとは変声期を迎えていない生徒の表情が明るくなります。私は変声期が訪れず心配している生徒には「変声期が始まる直前の少年の声は、神様が与えた最も美しい声だ。ほんの短い期間だけの一生の中で最も美しいその声を大切にしてほしい。『魔王』を作曲したシューベルトもとても美しい声で歌っていた少年だったけど、変声期が始まって少年合唱団を退団しなくてはならなくなった。でも少年合唱団での音楽の経験がその後の彼の才能を開花させることになった」と伝えます。

4 ふり返り（まとめ）

音楽科の教員は幼少から「習いごと」として楽器と出会い、毎日自宅で練習に励み、発表会で練習の成果を発揮し大きな拍手をいただく経験をしています。また、中学校時代に入部した「吹奏楽部」や「合唱部」で、先輩や顧問の先生にご指導いただいたり、自分が後輩に指導したりして、音楽に興味や関心をもつと共に、教える喜びを体験し教師となった人が少なくありません。そんな音楽科教員の学生時代は、音楽の授業は楽しみな時間であったに違いありません。しかし、目の前の生徒はどうでしょうか？決して自分と同じではありません。どんなに自分が感動した音楽について熱く語ろうと、これまで培ってきた演奏技術をもって模範演奏をしようと、生徒の反応は冷たいものです。それどころか「もっと流行の音楽を聴きたい」「こんな古くさい歌は歌いたくない」と生徒から言われた経験をもちます。そのたびに、自分の実践をふり返り、研修会に参加して著名な音楽科の先生の授業実践を学んだり、著書を読んだりして授業改善に努めてきましたが、残念ながら、目に見えて生徒は変容しませんでした。特に、発達に課題のある生徒との授業は大きな壁となりました。「音楽の授業は本当に必要なのか？」と自問自答した日もありました。しかし、そのような状況であっても、文化祭のステージでは演奏技術の未熟さはあっても、どの生徒も自分なりに歌い、表現して、最後はやりきったという充実感に包まれ、その生徒の姿に聴衆は感動するのです。音楽室では見せない姿がそこにありました。この光景を目の当たりにし「音楽室に足りないものは何か？」という問いに向き合うこととなりました。

授業は「学ぶ」＋「習う」＝「学習」である。授業をふり返ったとき、「習う」（教える）割合が多すぎたことに気づきました。それは、自分自身の音楽経験が「習う」が土台だからです。当然、習わなければできないことはたくさんあります。しかし、授業時間５０分という限られた中で、教えることばかりに熱心になると生徒は習ったことを試すことなく終わってしまいます。そこに学びは存在しません。文化祭のステージで生徒が生き生きとするのは、音楽の授業で習ったことを試すことができるからです。その姿に担任の先生方は、言葉で指導します。その多くは素直で温かな励ましの言葉です。菊池実践における「価値語」につながっています。だとすれば、音楽科教員は生徒の歌声や演奏に向かう姿勢などに価値を見出し、言葉を紡ぐのです。価値語によって、自信をもたせることも、気づきを与えることもできます。言葉によって生徒の気持ちと姿勢が変わっていきます。生徒が変われば、教師は「教える人」から「学ぶ人」に変わり、生徒と教師は豊かな表現を追求する同士となり、自然と授業改善が進みます。まさに、音楽が生徒と教師をつなぐのです。

２０２０年４月　新型コロナウイルス感染症対策のために外出が制限されたイタリアの街で、アパートの窓から住人が外に向かって「歌」を歌い始め、その歌声が大きな歌声の輪になっていきました。また、プロの演奏家が、病院前の道路や建物の屋上から演奏し、医療従事者や入院患者に大きな励ましを与えたというニュースが流れました。この事実を生徒はどのように受け取り、感じたでしょうか？「主体的対話的で深い学び」の音楽の授業や活動の経験がある生徒であれば「音楽に国境はなく、音楽はどんなに辛い時も悲しい時も励ましと癒しを与えてくれる。音楽は人類にとって尊く大切なものである」と受け取り、感じてくれたに違いありません。

音楽は豊かな人生の伴奏者です。音楽の授業や音楽活動は、子どもたちが人生の伴奏者に出会えるチャンスがあふれているのです。

第４章

『菊池実践』を教科で活かす

6 保健体育
「主体的・対話的で深い学び」の実現に向けた体育授業

大阪府・追手門学院大手前中学校　　鷲見　俊介

1 現状と課題　～対話的な学びを再考する～

私の勤務する学校法人追手門学院は、1888年に幕末の薩摩藩士であり明治時代の政治家の高島鞆之助によって大阪偕行社附属小学校として、現在の所在地（大阪市中央区）に創設されました。本校は西日本最古の私立小学校でもあり、また日本でも珍しい小学校が淵源となる私立中・高等学校です。大阪偕行社附属小学校はその後、1947年に追手門学院に改称すると同時に中学部が開設され、その３年後に高等学部が開設されました。今では、こども園から大学・大学院までの総合学園として、発展を遂げています。我々教職員は、追手門学院の教育理念である「独立自彊・社会有為」を実現すべく、130年の長い歴史を通して培われてきた伝統の力を革新への原動力としながら未来社会の創造に日々尽力しています。

そんな中、本校も新型コロナウイルス感染拡大予防のため、2020年２月下旬から６月中旬まで一斉休校期間（本校では在宅学習期間と呼んでいました）となりました。この期間中「学びを止めない」を掲げながら在宅で学習を行う遠隔（リモート）学習に継続して取り組んできました。我々体育科も生徒たちの健康状態を第一に考え、家庭内でできる運動の紹介動画の配信に努めました。また体育科と英語科で教科を横断した取り組みにも挑戦し、両教科を組み合わせたパフォーマンス課題の配信も行いました。

さて、中学校では2018年度から先行実施されている新学習指導要領が、2021年度にはいよいよ全面実施となります。この新学習指導要領では「主体的・対話的で深い学び」の実現をめざす方向性が示されています。本稿では菊池実践の学びを踏まえ「主体的・対話的で深い学び」の実現に向けた体育授業の実践を紹介しています。この授業実践では特に「対話的な学び」に主眼を置いて、授業の構成を行っています。まずは体育授業における「対話的な学び」とは、どのような学びと言えるのかをまとめました。

体育授業における「対話的な学び」と聞くと、運動を通して関わり合うことや話し合う活動を想像されるのではないでしょうか。そのような活動の中で、会話ではなく対話がなされているでしょうか。会話と対話とでは全く意味が異なります。我々は生徒同士がこのような活動に取り組む際に、会話がなされているのか、対話がなされているのかを聞き分ける必要があります。会話というのは、基本的に言葉による相互の情報伝達を意味します。そこに相互の理解がなされれば成立したことになると言われています。それに対して対話というのは、単なる言葉による情報伝達だけではなく、その言葉を超えた次元で「伝わってくる何か」であると言われています（参考：マルティン・ブーバー「対話論」)。この「伝わってくる何か」を授業の中で生徒の感覚的な表現に言い換えてみると「なるほど！」や「そういうことか！」と感じることであり、また「腑に落ちる」といった感覚と言えます。このことを理解した上で関わり合うことや話し合う活動がなされているかを改めて確認する必要があります。「対話的な学び」を主とした体育授業では、学びの中でこの感覚を教師と生徒、また生徒同士で共有し合えることが求められます。

さらに「対話的な学び」では、生徒同士が協働して探究する学習内容や共通の課題が存在し、その対象における課題解決や合意形成のプロセスが重視される学びを意味します。また、学びの対象となる内容や課題を生徒の実態と教科（種目）の特性を捉えた上で、教師の「問い」がとても重要となります。この「問い」を立てる上で、私は「ウェルビーイング」の価値に重点を置いています。「ウェルビーイング」とは、「長期的な健康と幸せ」と言った意味がありOECD Education 2030やOECD ラーニングコンパス 2030の示す方向性の中心に据えられています。またアメリカの

USOC（アメリカオリンピック委員会）においても質の高いコーチングのためのガイドラインの中で重要な概念として位置づけられています。この「ウェルビーイング」の価値に基づき教師が「問い」を立てることで、教科の目標である「豊かなスポーツライフを実現するための資質・能力の育成」に紐づけられ、カリキュラムマネジメントの推進にもつながります。さらに教師のこのような問いかけのある授業では生徒同士の対話にも「問い」が生まれます。生徒側からの「問い」が生まれると、次にその「問い」を共有することで生徒一人ひとりの深い学びにつながり、学び合いが成立します。この流れが生徒同士の横のつながりを深め、またさらなる探究的な学びのサイクルを生み出します。

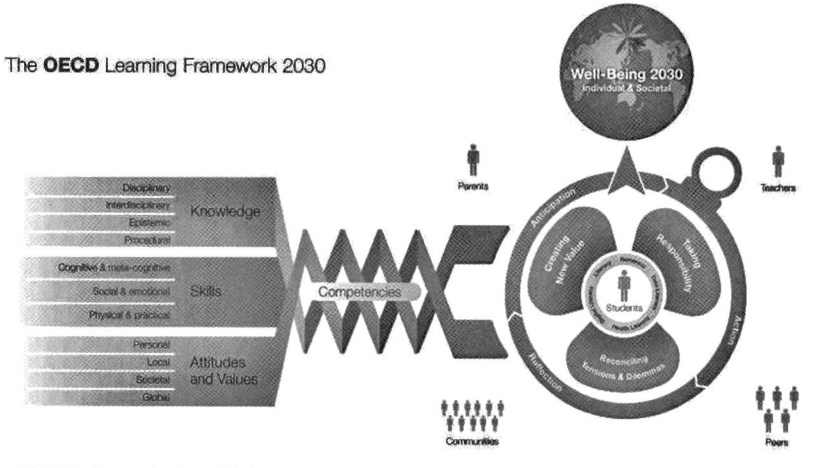

OECDのホームページより

今回のような有事（コロナウイルスの感染拡大）は、体育における「主体的・対話的な深い学び」の在り方を改めて問い直す必要性を私たちに投げかけてくれました。これまで体育科の課題の１つでもあった「技能や体力の向上」に偏りが見られた授業の在り方を再考し、新たな実践を踏み出す弾みになりました。

2 体育授業における菊池実践の有用性について

菊池実践と体育の授業は、とても親和性が高いと言えます。この親和性の高さを言及しながら、体育における菊池実践の有用性についてお伝えします。

まず新学習指導要領では、学校教育で「何を教えるか」に加えて「何ができるようになるか」が問われています。まぎれもなく体育教師には、生徒自身に何ができるようになったのかを見取る力が必要とされています。もちろんこの見取りには、技の習得や技能における見取りのみならず、学力の３要素のすべてを見取る力が求められています。従って体育科についても、生徒の「知識・技能」「思考力・判断力・表現力」「学びに向かう力・人間性」についてそれぞれの「教え」と「学び」をより深めていくことが大きなテーマとして標榜されています。

私が考える菊池実践は、まさに子どもへの見取りが徹底された実践と言っても過言ではありません。菊池実践の基本姿勢は、子どもの言動を細かく見取ることです。菊池実践では「言葉で人を育てる」という考えのもと、「ほめ言葉」や「価値語」といった対話型のアクティブ・ラーニングを日々の教育活動で行います。その中で子どもたちの自主性に委ね、子ども同士の横の関係を育むための実践がなされていきます。これらの活動を通して教師は子どもたちから発信された言動を受け取り、丁寧にその意味や意図をくみ取り子どもたちへ伝え返していきます。

このようなコミュニケーションのやり取りを積み上げていくことで、子どもたちの思考力を深め、適切に状況を読み取る判断力を身につけさせ、豊かな表現力を涵養するように導きます。

また、菊池実践は目の前の子どものありのままの姿を受け入れ、学びの過程に重点を置きながら「ほめて・認めて・励ます」声かけを繰り返し行います。そして、そこから生まれる子どもの変容に価値付けを行います。ありのままの姿を受け入れ、変容した姿を教師が認めるこのサイクルは、子どもたちが学びに向かう力の源泉となり、子どもたちの人間性を育む素地を固めてくれます。このように資質・能力ベースの菊池実践は、子どもたちを確実に成長へと導きます。

この菊池実践を本校では、学びの一環として「志の教育」の中で取り組んでいます。本校では先行して菊池実践を行ってきた教員で委員会を立ち上げ、それぞれの実践を持ち寄り話し合いを重ねてきました。試行錯誤を繰り返しながら本校独自の「追手門型ほめことばシャワー・プラス」を構築し、今では中学校全体で取り組んでいます。この取り組みの事績を測るために、生徒の自己肯定感に関するアンケートを実施しました。その結果95％以上の生徒が「自己肯定感」の向上を感じたと回答し、確かな成果を残すことができています（本校での組織的な取り組みの詳細は『白熱する教室 第15号 2019年冬号（中村堂）』掲載）。この頃から私個人も菊池実践を体育の授業でどのように活かすことができるかを日々模索しながらその実践に励んできました。

2021年度中学校案内パンフレットより抜粋

私の実践する体育授業でも生徒の見取りに重点を置いています。もちろんそれが教師の主観的な見取りや知識・技能だけの見取りとなってはいけません。前述通り、資質・能力ベースで学力の３要素をそれぞれ見取ることが必要です。その際に生徒の視点である学習観は欠かせません。体育は主に運動や身体活動から学びを深めるため、他教科にはない独自性を生徒たちがもち合わせていることがあります。ここでの独自性というのは、生徒による体育科に対する独特な捉え方のことをさします。例えば、体育は実技科目でもあるため授業で学ぶ内容を「レクリエーション」や「息抜き」といった娯楽的な捉え方をしたり、または「勝つことが全て」といった勝利至上主義といった捉え方をしたりしていることも多くあります。学びの過程の中で適切な見取りを行うために、単元ごとに生徒と向き合い、まずはこの学習観を受け入れ、共有することを大切にしています。

そのため必ず単元の始まりには、生徒自身が体育（単元内容）に対する認知状態に気づきを得るような対話を行います。この気づきが後に自身の学習方略を、より効果的に調整するための学びと紐づくようにしていきます。

また、体育における学習方略は「コミュニケーション能力の涵養」と正の相関関係を示すことも報告されています。このことから他者とコミュニケーションを図るよい環境状況下にあることを、生徒たちに意識づけることが大切であると考えています。授業では生徒たちがグラウンドや体育館をダイナミックかつ自由に動き回ることができます。自分の好きなタイミングで話しかけることもでき、また、話すことが苦手な生徒にとってはそれを動きで示すこともできます。このように教室より制限の少ない開放的な環境下でこそ、生徒たちは伸び伸びと自分たちの学習観の変容を確かめることができます。私はこの変容こそ生徒自身における成長の絶好の契機と捉えています。この変容を見取り、プラスの言葉をかけられるような授業、また生徒同士でお互いのことを話し合える授業を構成します。誰にどんなタイミングでどのような言葉を伝えるか、これは教師の大切な役割でもあります。しかし、より大切なことは、生徒自ら安心してプラスの言葉を発信できる雰囲気と環境を設定することです。私自身も菊池実践の基本姿勢である「言葉で人を育てる」を軸として、適切に見取りを行い「言葉で成長し合う」授業を心がけるようにしています。

3　実践紹介「中学1年生　バスケットボール」
～「主体的・対話的で深い学び」の実現に向けて～

本実践紹介では、中学１年生の生徒たちがＩＣＴの利活用を通して、運動技能や身体能力の高低に関わらず誰もが目の前の課題に向かって主体的・対話的・協働的に取り組めるための授業を紹介いたします。本時

(バスケットボール８時限中の第３時限目）の目標は「ジャンプシュートにおける正しいフォームの習得」です。この目標の達成と共にほかの種目にも生きてはたらく汎用的な「知識・技能」の習得をめざします。さらに、生徒たちが協働しながら課題解決に取り組めるように必要なポイントを見極め、授業を進めました。

学習者主体の授業となるように、授業を構成する前段階でまずは正確に生徒の学習観を捉える必要があります。単元の導入（８時限中の１・２限目）で得た生徒の学習観から体力に自信がある・ない、運動の得意・不得意、好き・嫌いといった様々な生徒が混在していることが分かりました。さらにこれまでの指導の経験からジャンプシュートにおけるフォームの習得は、生徒の体格・体力によってそのつまずきが現れることも分かっています。バスケットボールの大きさは、女子生徒が扱う６号球では直径 23.2cm、重さ 510 ～ 567g、男子生徒が使用する７号球は直径 24.5cm、重さ 567 ～ 650g もあるのです。７号球では、小さなメロンに匹敵する重さです。そのバスケットボールを片手で支え額の前方まで持ち上げ、その体勢から高さ 3m05cm に位置する直径約 45cm のゴールリングに向けてシュートを放ちます。小学校時代にミニバスを経験している生徒や課外活動などでバスケットボールを経験してきた生徒にとっては、ゴールリングを狙ってシュートを入れるといったバスケットボールの特性に触れることができ、その楽しさを味わうことができます。しかしながら、運動が苦手な生徒やバスケットボールそのものに触れる経験があまりなかった生徒にとっては、とてもハードルの高い動作だと言えます。

次に授業観ですが、私はこの授業観こそが教師が立てる「問い」そのものだと考えています。自分がどのような考えのもと生徒と向き合い、そのために授業をどのように構成しているかが授業観に表れ、授業の流れ

を左右します。私はこの「問い」について前述通り「ウェルビーイング」の価値に重点を置いています。この価値に基づき、授業観を「すべての生徒が達成感を得られる学び」と設定しました。生徒の運動能力には、たとえ中学１年生であったとしても個人差があります。本時では、このばらつきのある運動能力に対して、生徒が課題の難度を選んだり、考えたりできるようにするために「課題の幅」をもたせました。この「課題の幅」は授業を構成する上では大切なポイントとなります。この「課題の幅」の設定とその在り方によって生徒たちが同じ方向に向かって学びを進め、互いに考え合い教え合うことができるかどうかが決まります。

本時の授業ではこの「課題の幅」を狭める要因となるのが、ゴールリングの存在であると考えました。シュートフォームを習得する際にゴールリングはどうしても、生徒たちにとって目標そのものになってしまいます。ゴールリングに「入った／入らなかった」に関心が集まり、自身のフォームに対する意識が薄まってしまいます。体力に自信がない生徒にとっては、シュートを放ったボールをゴールリングの高さまで到達させることができないことから、消極的になりがちです。また、運動が苦手な生徒にとっては、ボールをうまくコントロールできないことから動作が投げやりになってしまうことなどがあります。これらのことを未然に回避するためにゴールリングに向かってシュートをするのではなく、その代替物としてゴールリングの高さの目安となる目印を設け、それを目当てにシュートを行うようにしました。

シュートの動作をiPadで動画撮影

逆にこの「課題の幅」を広げてくれるものが、ＩＣＴ機器の利活用です。本校では、生徒が１人１台 iPad を所持しています。体育におけるＩＣＴ機器の利活用は自分たちの学習状況をメタ認知することに役立ち、仲間同士の対話的な学びを実践するために大変有効なツールとなります。本時の授業では、生徒同士で互いのシュートフォームの撮影を行ってもらいました。撮影後は相互で動画の確認を行い、それぞれのシュートフォームについて対話をします。ＩＣＴを利活用することによって動きのスロー再生や、様々な角度から動きを確認することにより複眼的な考察が可能となります。ICT の利活用は教員にとっても生徒たちにとっても見取りをより確実なものにしてくれます。

生徒同士の対話に耳を傾けると、ゴールリングがないため「入った／入らなかった」といった優劣を争うような対話内容ではなく、授業の目的であるシュートフォームの習得に向け、自分の言葉で自分なりに一生懸命発信している内容が聞こえてきます。例えばバスケットボールが得意な生徒も、撮影した生徒に対し「さらに」「よりよく」といった言葉を使いながらシュートフォームの改善点を尋ねていました。逆に苦手な生徒も撮影している生徒から「どのようにすれば」といった言葉でシュートフォームの習得に向けて必要なポイントについて尋ねていました。「分かること」と「できること」をつなぎ合わせようと生徒同士で学び合っている様子が広がっていました。

山桜エントランスの大型スクリーンに映像を流し
動作やポイントを振り返る

授業の最後には、全体で活動のリフレクションを行います。このリフレクションの目的は主に活動に取り組んだ結果の共有をするのではなく、取り組んだ過程を共有することに重点をおいています。生徒が撮影した動画を映し出し自分の動きを見ながら解説を行います。生徒たちは大型スクリーンに映し出される自分たちの映像や解説を喜んで視聴してくれます。またその解説を聞きながら、他者が思考した過程と自分の思考した過程を掛け合わせ、次の授業でどのように活かしていくかを真剣に考えている様子が伺えました。このように対話の相手は他者だけでなく、自己とも行う時間を確保することも大切にしています。

バスケットボールに限らず球技種目では、生徒たちがどうしてもゴールや得点といった結果への関心に引かれてしまう傾向にあります。だからこそ体育では、より一層その過程を注視させるための柔軟な教材や事前の学習環境の整備など、多彩な学習方略が展開される授業の構成が大切となってきます。学習者中心の学びが展開できたとき、生徒たち自身は、言葉や動作を通して互いに高め合うことを望んでいることが分かります。このことから改めて生徒たちの取り組み姿勢やその過程を見取ることの重要性を感じました。

4 ふり返り（まとめ）

新学習指導要領では、「運動やスポーツが楽しいと感じる授業」がめざされています。その中で「主体的・対話的で深い学び」の実現の根幹にあるのは、生徒たちが運動に対して安心安全に取り組めることです。しかしながら、体育では、他教科と違って動作や技能が、その空間で視覚的に他者と比較されてしまいます。このことが安心安全を阻害する大きな要因の１つとなっています。

この要因を考慮せず授業を進めることで、知らず知らずのうちに、生徒の運動嫌い、苦手意識、さらには自尊心を損なってしまうこともあります。特に思春期である中学生での学びには、このことに対して教師自らが意識を高め授業改善に努めなければなりません。体育科の教師の多くは自らが運動好きでまた運動が得意です。そのため運動嫌いや、苦手意識のある生徒に対して、そのつまずきやうまくいかない動作そのものを「できる」ようになることに目を向けがちになってしまいます。しかしながら、「できる」ようになることだけではなく「できる」ようになるための過程に目を向けた授業改善を行うことで、この課題を乗り越えていかなければなりません。

そもそも教師の「教える」という行為は、根本的に生徒の「学び」によって成立するものです。そのためにまず必要なことは、生徒たちの力を本気で信じることです。この信念があるからこそ単に生徒たちに「主体性」や「対話」を求めるだけなく、教師自らも「主体性」や「対話」を意識した行動を示さねばなりません。生徒たちに求める以上、私たち自身も「主体的・対話的で深い学び」を意識し、常に「学び続ける教師」であることを忘れてはなりません。生徒と共に成長できる環境にある教師は、人が弛みなく人生を歩み続ける上で最も幸せな環境にある職であると私は感じています。

『菊池実践』を教科で活かす

７ 外国語
書くことによるコミュニケーション

兵庫県神戸市立多聞東中学校　　岩田　慶子

１ 現状と課題、菊池実践の必要性

(1) 菊池先生より「書くことは、コミュニケーションのために」

令和２年６月末。コロナ禍で、子どもたち同士がペアやグループで「話す」「やりとりする」ための活動がやりにくい日々が続いていました。そんな時、予定より３か月遅れで開催された、待望の菊池道場兵庫支部セミナー。「菊池先生にお会いできる！」「菊池節が聴ける！」と喜び勇んで会場へ。笑いやユーモアで免疫力がアップするとは、このことだ…そう実感しながら、菊池先生のお話に聞き入っていました。

そのお話の中で、菊池先生は「書く活動は、コミュニケーション活動のためにある」とおっしゃいました。「ノートは、コミュニケーションのために書く」とも—これだ！私は、霧が晴れたかのような感覚を味わいました。「話す活動がしにくい現状に、これで対応できる！」

(2) コミュニケーションのために必要な「書く」活動とは

もはや、文法説明を板書して生徒にそれを写させるというようなノートの指導はしていません。しかし、「誰にでもできる宿題」という名目のもと、ずっと、教科書本文を予習として写させてきました。写す内容について思考しながら書いている者もいるでしょうが、生徒のほとんどは思考をはたらかせずに、機械的に写しています。この現状の突破口となるのが、菊池先生のおっしゃるノートの使い方です。「写す」は「書く」とは違います。「書く」中身は、次の３つでこそコミュニケーションの素となります。

①自分の考え（個人内対話）
②ほかの生徒の考え（相手との対話のメモ）
③自分と他の生徒の考えに対比で気づいたこと（個人内対話でふり返り）

(3) 本校生徒の課題点

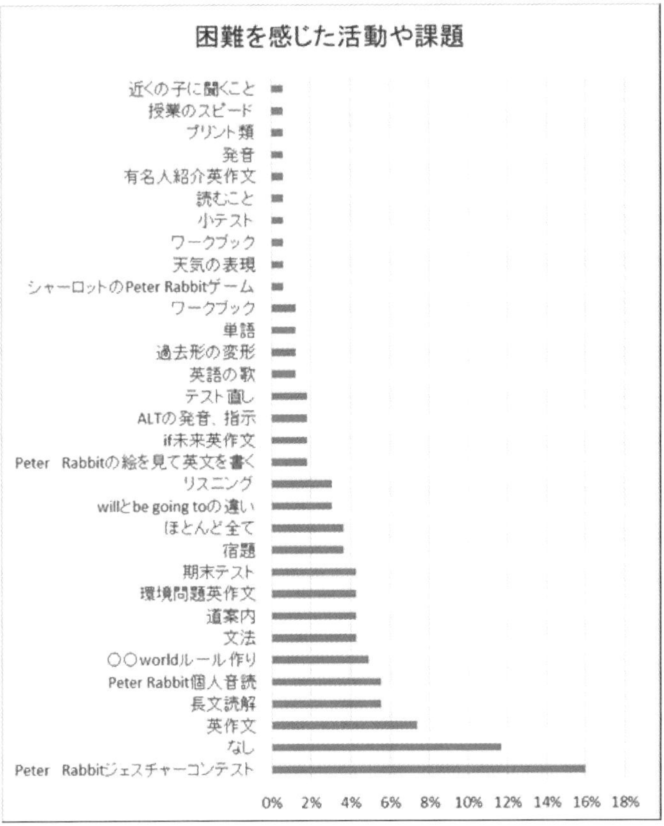

上のグラフは､2年生1学期末（7月末）に生徒180名から取ったアンケートの結果です。詳細は後述しますが､「ジェスチャーコンテスト」は最も困難を感じた課題にも、最もやりがいを感じた課題にも選ばれました。しかし､「英作文」「環境問題英作文」「絵を見て英文を書く」「if 未来英作

文」「有名人紹介英作文」と、「英作文」とつくものを挙げて足すと、実はこれらが最も困難を感じた課題ということになります。

英文を書く活動に対して感じる困難を、どのように克服していけばよいでしょうか。２、３学期の授業計画を立てる中で、対策を考えました。

２　1年間の見通し、めざす成長の姿

(1)「書く」活動をどう位置づけると、困難よりも充実感をもてるようにすることができるか。

＜２年生2, ３学期の「書く」活動プラン＞

● Lesson 4: Enjoy Sushi

ALTのシャーロット先生（日本に住み始めて３年め）がまだ知らなさそうな日本食を紹介する英作文を書きましょう。

● Lesson 5: Uluru

・ウルルに限らず、観光地で気をつけるべきことは何かを英作文して、オーストラリアの生徒と意見交換しましょう（詳細は、後述します）。

・旅行会社の社員になりきって、中学生相手に修学旅行の企画文を書き、グループでプレゼンテーションをしましょう（詳細は、後述します）。

● Lesson 6: My Dream

一人ひとりが、将来就きたい職業やなりたい大人像について英作文して、クラスのみんなにスピーチをして聞いてもらいましょう。

● Lesson 7: Presentation

クラスのみんなに気になることを質問してアンケートを取り、結果を分析する文を書き、グループでプレゼンテーションをしましょう。

● Lesson 8: India, My Country

ラージ（登場人物名）がインドを紹介したように、新しく来るALTに神戸の街を紹介する文を書き、グループでガイドブックを作りましょう。

上記プランに共通していることは何でしょうか。それは、「何のために」「誰に対して」「自分はどの立場で」「どんな場面で」書くのかを明確

にしていることです。

例えばLesson4では、「まだ知らなさそうなものを知ってもらうために」「日本在住3年めのシャーロット先生に対して」「自分として」「日本食を紹介します」。このように、目的意識が明確になると、生徒は「書かされる」活動ではなく、「書きたくなる」活動だと捉えることができます。

（2）めざす成長の姿

① 自分の考えを、今までに習った知識を活用して書くことができる。

昨今は翻訳サイトなどで簡単に和文英訳できるため、そのようにして英作文の課題に取り組む生徒も多くなりました。しかし、調べるのは専門用語（例えば、「理学療法士」になりたいと書く場合、“Physical therapist” だけは検索する）のみにして、文の組み立てはあくまでも自力で行えるようにします。

② 他者の考えを聞いて書き取ることができる。

※「マッピング」や「箇条書き」、その時その時に応じた思考ツールを用いて、対話しながらメモを取ることができる力をつけます。

③ 自分と他者の考えとを比較して、気づいたことを書くことができる。

類似点や異なる点に気づき、なぜ類似するのか、なぜ異なるのかについて客観的に分析し、言語化することができる力をつけます。

※「マッピング」とは…三省堂 “NEW CROWN English Series ② New Edition” より

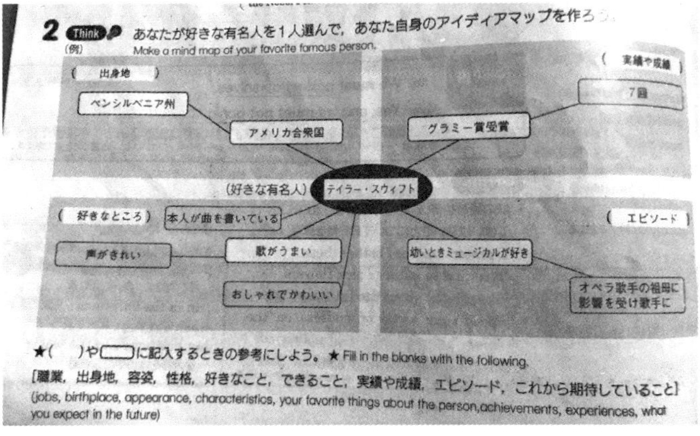

自分がまとまった内容を話したり書いたりする前や、相手が話している時に、内容を整理するために書くものが「マッピング」です。

バブル（○）の中にキーワードを書き、関連したり派生したりするワード同士を線で結ぶことによって整理し、系統立てることができます。

3 実践紹介

（1）生徒同士が書き合うことで、ほめ合い、指摘し合う関係づくりをする

1学期に“Peter Rabbit”、2学期に“A Pot of Poison”という英語劇コンテストを行いました。例年であれば自分のセリフを覚えて本当に劇をするのですが、今年は感染防止対策のため、CDの音声に合わせてジェスチャーをするという形式で行いました。子どもたちは、グループのメンバーと協力して、マスクをしていても、「眼力」や大きな身ぶり手ぶりで、とても表現力豊かに演じることができました。このコンテストと書くことによるコミュニケーション活動とを、組み合わせて行いました。

＜実際の演技の写真＞

↑腕を振り上げ「怒り」を表します。↑頭を抱え顔を覆って「悲しみ」を。

生徒は、この演劇プロジェクトにおいて、3回、書く活動を行っています。3回それぞれのねらいは何でしょうか。

① 中間発表のふり返り

ほかのグループの演技と自分たちの演技とを比較して、よいところをほめ合い、課題点を指摘し合うことができます。

② 本番の評価と自己評価

相互評価し合うことにより、緊張感が生まれ、作品をよりよいものにしようとすることができます。

③ 自分たちのグループに対する評価シートを回し読みし、再度自己評価

他の生徒が自分たちの演技をどう見ていたのかを知り、ほめられたことも指摘されたこともこれからの表現活動に生かすことができます。

(2) 生徒の原稿への教師の「朱書き」で、個別の成長を見取る

「旅行会社の社員になりきって、中学生相手に修学旅行の企画文を書く」という活動での、3人の生徒の英作文を紹介します。

①「相手目線になる」という成長が見られた英作文

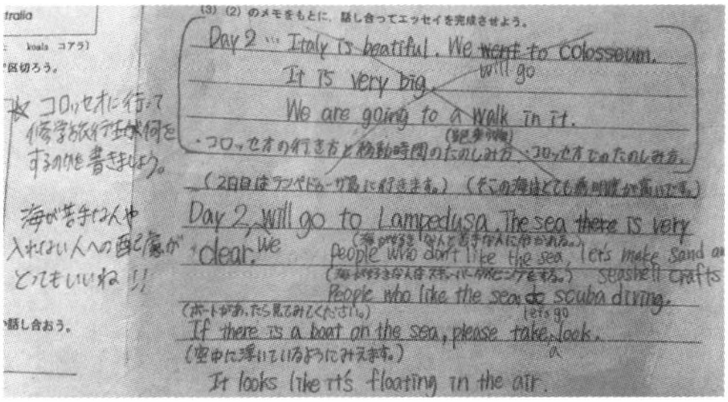

この生徒が最初に書いた英作文が、×をしてある文です。他の生徒と行き先が重なっていたことが分かり、本人が×をつけました。私は、「修学旅行生が何をするのかを書きましょう」とコメントをして返しました。すると彼女は行き先を変えただけでなく、マリンスポーツと貝殻クラフトとの２つの活動を提案しています。海が苦手な人への配慮が表れています。

②「よりリアルを追求する」という成長が見られた英作文

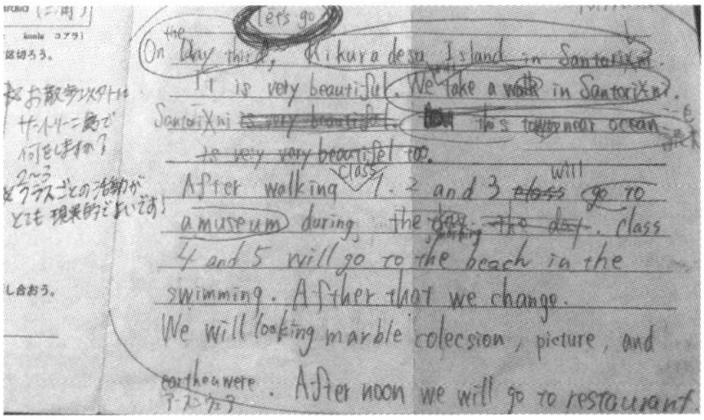

この生徒は、修学旅行先の「サントリーニ島」で散歩をするという企画について書きました。私は「お散歩以外に何をしますか？」とコメントをして返しました。すると彼は、“After walking, class 1, 2 and 3 will go to a museum. Class 4 and 5 will go to the beach for swimming. After that, they will change." と書いてきました。実際の修学旅行で、学年を半分に分けて活動を交互に行うことがありますが、まさにその提案です。

③「受け手を惹きつける」という成長が見られた英作文

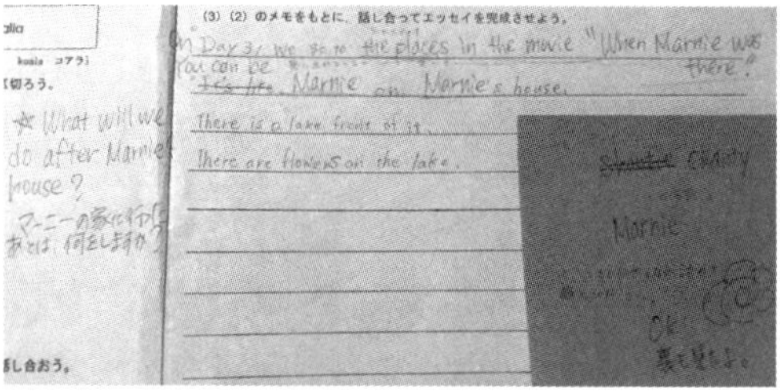

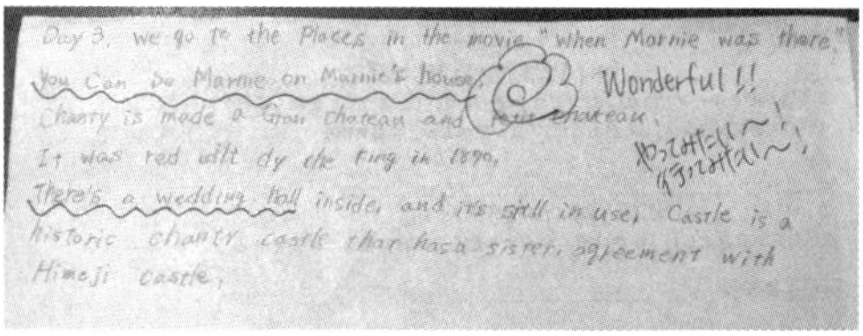

この生徒は、伝えたいことはいっぱいあるのに、うまく英語で伝えられないことが多かったのです。映画「思い出のマーニー」の舞台に行ってマーニーになりきってみることを、自分なりに一生懸命提案していました。「マーニーの家に行ったあとは何をしますか？」とコメントして返すと、「シャンティーという結婚式場に行く」という、これまたロマンチックなプランを書き、みんなをうっとりとさせました。

このように教師が一人ひとりに朱書きして問いかけると、個々の成長を見取ることができます。しかも「同じことを書く者はほかにいない、自分だけのオリジナルの英作文」なので、さらにやる気をそそります。

(3) 他者が書いたものと自分が書いたものとを比較分析し、より深い気づきを得る

ここでは、「ウルルに限らず、観光地で気をつけるべきことは何かを英作文して、オーストラリアの生徒と意見交換しよう」という活動を紹介します。筆者の友人である、クイーンズランド州立小学校の教師の協力を得て、現地の小学６年生の子どもたちと意見交流を行いました。

まず、「オーストラリアと言えば、何が思い浮かびますか」という質問

に対して、mentimeterというアプリに入力し、キーワードを出し合いました。その結果が、こちらです。文字が大きければ大きいほど、多くの子どもたちが同じ意見を書いたことを意味します。

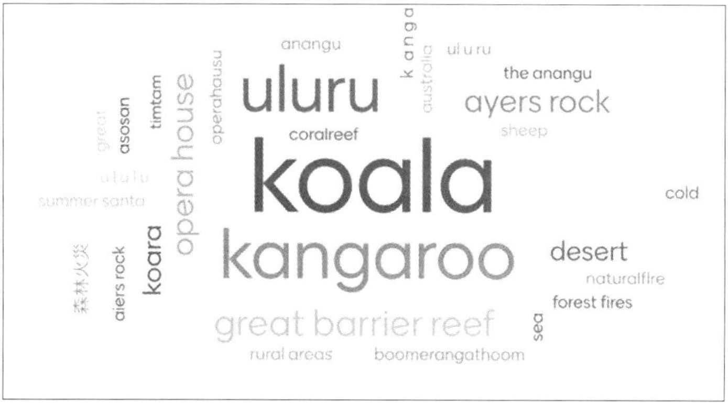

この結果は、日本の子どもたちかオーストラリアの子どもたちか、どちらが書いたものでしょうか？

正解は、日本の子どもたちが書いたものです。「コアラ」、「カンガルー」、「ウルル」が多いです。オーストラリアの子どもたちはどうかというと、「コアラ」は同じように多かったのですが、その次が“hot”（暑い）、“beer”（ビール）でした。暑い日におうちの人がよく飲むのを見ているのでしょう。「ウルル」はほとんど出てきませんでした。「沖縄の人はわざわざ海に泳ぎに行かないと聞いたことがあるけど、それと似たような感覚なのかな」と生徒は分析していました。

次に、観光地で気をつけた方がよいと思うことについての英作文を読み合って、気づきを共有しました。

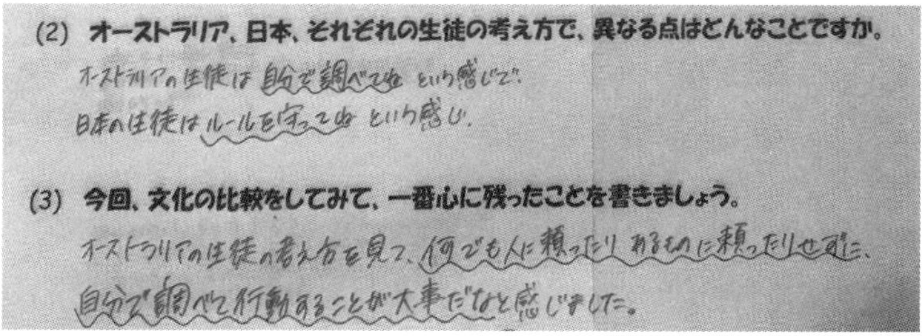
(2) オーストラリア、日本、それぞれの生徒の考え方で、異なる点はどんなことですか。

オーストラリアの生徒は自分で調べてね という感じで、
日本の生徒はルールを守ってね という感じ。

(3) 今回、文化の比較をしてみて、一番心に残ったことを書きましょう。

オーストラリアの生徒の考え方を見て、何でも人に頼ったり あるものに頼ったりせずに、
自分で調べて行動することが大事だなと感じました。

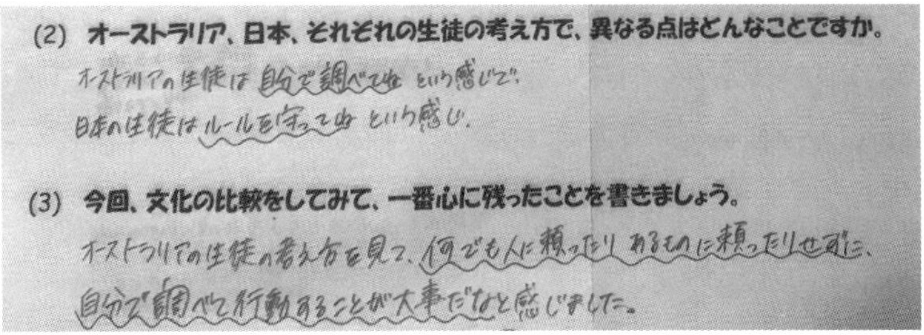

(2) オーストラリア、日本、それぞれの生徒の考え方で、異なる点はどんなことですか。

オーストラリアの生徒は自分で調べてね という感じで、
日本の生徒はルールを守ってね という感じ。

(3) 今回、文化の比較をしてみて、一番心に残ったことを書きましょう。

オーストラリアの生徒の考え方を見て、何でも人に頼ったり あるものに頼ったりせずに、
自分で調べて行動することが大事だなと感じました。

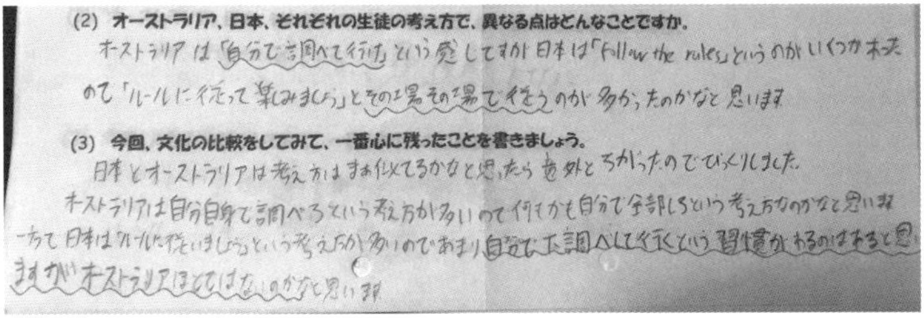

(2) オーストラリア、日本、それぞれの生徒の考え方で、異なる点はどんなことですか。

オーストラリアは「自分で調べて行け」という感じですが日本は「follow the rules」というのがいくつか来た
ので「ルールに従って楽しみましょう」とその場その場で従うのが多かったのかなと思います

(3) 今回、文化の比較をしてみて、一番心に残ったことを書きましょう。

日本とオーストラリアは考え方はまあ似てるかなと思ったら意外とちがったのでびっくりしました。
オーストラリアは自分自身で調べるという考え方が多いので何もかも自分で全部しるという考え方なのかなと思います
一方で日本はルールに従いましょうという考え方が多いのであまり自分で調べして行くという習慣があるのはあると思い
ますがオーストラリアほどではないのかなと思います

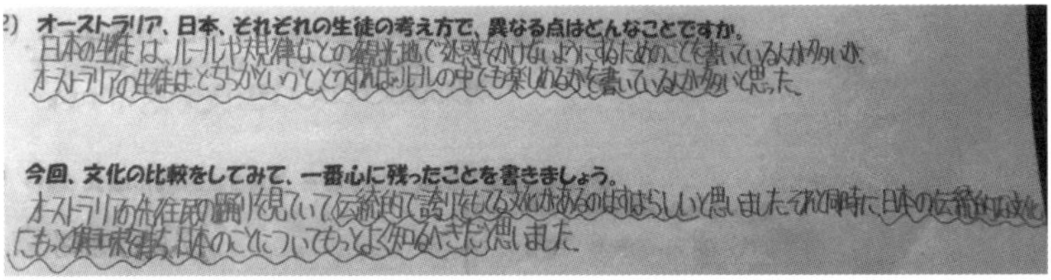

(2) オーストラリア、日本、それぞれの生徒の考え方で、異なる点はどんなことですか。

日本の生徒は、ルールや規律などの観光地で迷惑をかけないようにするためのことを書いているんが多いが、
オーストラリアの生徒はどちらかというとどうすればルールの中でも楽しめるかを書いているんが多いと思った。

今回、文化の比較をしてみて、一番心に残ったことを書きましょう。

オーストラリアの先住民の踊りを見ていて伝統的で誇りをもてる文化があるのはすばらしいと思いました。それと同時に日本の伝統的な文化
にもっと興味を持ち、日本のことについてもっとよく知るべきだと思いました。

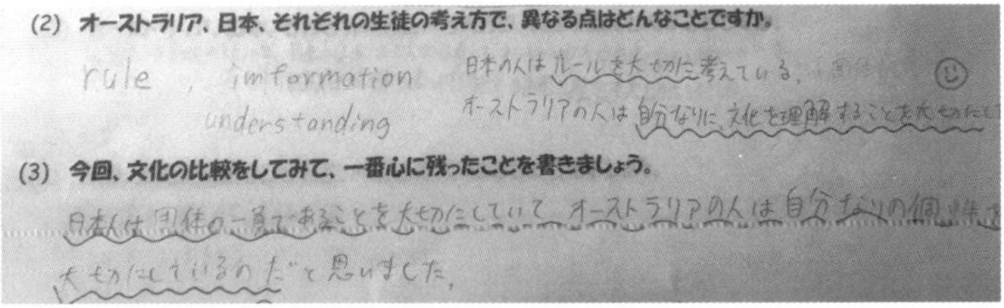

(2) オーストラリア、日本、それぞれの生徒の考え方で、異なる点はどんなことですか。

rule , information
understanding

日本の人はルールを大切に考えている。
オーストラリアの人は自分なりに文化を理解することを大切にして

(3) 今回、文化の比較をしてみて、一番心に残ったことを書きましょう。

日本人は団体の一員であることを大切にしていて、オーストラリアの人は自分なりの個性を
大切にしているのだと思いました。

書いて意見交流したことで、自分たちが当たり前だと思っていたことがそうではないことや、考え方の「癖」に気づくことができました。

4 ふり返り（まとめ）

授業実践を通して、生徒は書くことによってどのようなコミュニケーション活動を展開することができたかを振り返ります。

① 仲間とほめ合い、指摘し合うことができた。

ほめ合い、指摘し合う活動は、書く活動だけでなく話す活動によっても実現可能です。しかし、中学生という発達段階（思春期、反抗期）から考えて、仲間を素直にほめたり、改善策を挙げた上で課題点を指摘したりするには、書く活動も大いに有効です。

② 教師とのやり取りによって、個々が成長できた。

１クラス 37 ～ 38 人の生徒と毎日誰一人もらすことなく話すのは、中学教師にとって至難の業です。しかし、書くという手段を使えば、時間をとって行うことができるので、もれなく一人ひとりとやり取りすることができます。しかも、やり取りの内容は、それぞれの生徒が考えた、一人ひとり違うストーリー。「先生が、自分の書いたことについて、一人ひとりに違うコメントをくれる」ということが、生徒の心にやる気の火を灯し、成長を促します。

③他者の書いたものとの類似点、相違点に気づくことができた。

今や、海外とも瞬時にオンラインで顔を見て話すことができる時代です。オーストラリアの学校との交流も、最初は教室同士をつないで話すことを考えていました。しかし、それだとオーストラリアの子どもたちはともかく、こちらの生徒はなかなか話せません。話せたとしても、内容が浅いものになってしまいます。そこで、書いたもので交流し合うという「非同期オンライン」に変更しました。すると生徒は、じっくり考える時間をとることができ、書いたものが深い分析に基づく内容になりました。

「書くことは、コミュニケーションのために」－菊池実践の有効性を、生徒の姿を通して実感しました。じっくりと書くことで、生徒の中に思いが熟成されます。その思いを、これからも育てていきます。

第5章

『菊池実践』を教科外で活かす

1…生徒会活動

2…ディベート

第５章

『菊池実践』を教科外で活かす

1 生徒会活動

言葉の力で全校を動かせ!

愛知県公立中学校　　加藤　拓

1 現状と課題、菊池実践の必要性

「生徒会活動」といっても、その活動は多岐にわたります。そして、学校によっても活動の内容は大きく異なります。生徒会活動、また生徒会活動を含む特別活動は、新学習指導要領の解説にその記述があるように生徒や地域、学校の実情に合わせたものであるべきだと考えています。また、生徒会活動の主役は何といっても生徒です。ともすれば学級の生徒よりも関わる時間が長くなることもある生徒会役員の生徒たち。「生徒と教員をつなぐ言葉の力。生徒と生徒をつなぐ言葉の力。教員と教員をつなぐ言葉の力」。生徒会役員になる生徒も様々で、立案能力や発信能力は各々違います。それぞれの個性に合わせて言葉を変え、常に生徒が「納得解」を得られるように対話を繰り返しました。その中で、生徒は自信をつけ、活動を推進していくことができました。生徒の自信を支えるのは、生徒会担当の言葉にほかなりません。だからこそ、価値語、ほめ言葉などの「言葉」を主軸にしている菊池実践は、学校の特別活動の一端を担う生徒会活動にとって必要不可欠なものと考えます。

新学習指導要領における特別活動の３つの柱として示されている「人間関係形成」「社会参画」「自己実現」。小学校の係活動の実践からも分かるように、これらの柱を包括的に実践しているのが菊池実践であり、その意味においても特別活動と菊池実践の相関性はとても高くなっています。

ここにまとめたものは、愛知県のいち公立中学校での実践であり、学校の生徒会活動の中心となって活動する生徒会を担当する立場としての実践です。そのため、今回の実践の中心は生徒会役員に対するものであり、価値語を増やすこと・ほめ言葉を伝えることを中心に、生徒会役員

としての「個」の成長をめざしています。また、生徒会役員として自信をつけ、主体的に活動していく役員たちを支援した実践です。

生徒会役員の生徒たちと行事の計画を考え、学校の現状について話し合い、一緒に活動を進める中で、多くのことを学ぶことができました。生徒会担当という立場をいただく中で、「生徒会担当の教員の役割とは？」ということを何度も考えました。学級活動とは異なり、活動の時間はとても限定的です。本校の生徒会役員の活動は、主に委員会の時間と昼の休み時間になります。短い時間の中で、行事の企画・運営や学校内外の諸活動など、多くのことを同時並行で進めていくことが求められます。また、私自身、生徒会を担当することになった当初は学級担任と生徒会担当の二足の草鞋に戸惑いました。生徒会役員の活動を整理していくこと、自分の時間をうまく活用していくこと、マネジメントをしていくことが生徒会担当の教員としての役割の一つだと感じています。

学習指導要領にもあるように、生徒会活動は生徒による主体的で自治的な活動をめざすものです。教員の側から一方的に「これをしなさい」と伝えることは簡単ですが、それでは生徒主体の活動とは程遠いものになります。しかし、生徒による主体的で自治的な活動を進めていくためには、時間がかかります。生徒のアイディアを聞き、練り上げ、準備をしていく過程には、生徒同士の話し合い、生徒会担当と生徒との話し合いが欠かせません。時には、生徒会役員の生徒が提案してきた企画を一緒になって考え、職員会の方針を生徒に伝え、学校の校則やルールのことで意見がぶつかることもありました。これらの活動の中で、なにより感じていることは、「言葉の力」の大切さです。また、生徒会役員は学年・性別が異なる集団です。この役員どうしをつなげ、お互いに成長し合えるチームにしていくことも必要になります。ただの「仲良しの集団」ではよりよい活動をつくり上げていくことはできません。時には厳しい意見を相手に伝えていくことも必要になります。これはまさに菊池先生が教室の中で実践されていたことにつながっていきます。生徒会活動を通して「個」を伸ばすためにも、菊池実践が求められています。

2　1年間の見通し、めざす成長の姿

生徒会活動自体は年間の活動ですが、その活動の中心となる生徒会役員の任期は半期となっています。前期は３年生が中心となり、後期は２年生が中心となります。そのため、「生徒会担当として１年間」という括りで考えたとき、私は２つの軸で成長の姿を考えます。一つは、４月から３月までを１年間で考える軸です。４月の入学式、新入生歓迎会から始まり、３月の卒業式、終業式までの１年間になります。これは「全校」という視点から１年間を考えており、生徒会活動は全校生徒が関わる活動になるため、各学年が３月までにどのような成長した姿であってほしいかを考えていきます。

１年生は経験する行事や活動が初めてになるため、中学校での活動を知り、先輩から学ぶことで、「参加者」としての意識を高めることをめざしていきます。また、委員会活動や学級役員会など、学年単位での自主的な活動を取り入れていくことで、企画力や行動力などの活動をしていくための土台となる力を伸ばしていきます。２年生は後期に入ると３年生からバトンを引き継ぎ、生徒会活動の中心となっていきます。前半は３年生を支えるフォロワーとして、後半は学校を牽引するリーダーとしての意識を高めてきます。この段階では、１年生で培った経験を基に、全校を動かす活動を経験し、その場に応じた言葉の力やアドリブ力を培っていきます。３年生の前期はこれまでの活動の集大成になります。自分たちで活動を企画し、自分たちで全校を巻き込み、自分たちでよりよい学校をめざしていく、学校全体に関わる「自主的」な活動を取り仕切っていく姿をめざします。これらの経験を通して、３年生の後期は新たなステージに向けて、各自が個としての成長をめざしていくことになります。この３年間の見通しをもち、逆算して活動を計画していきます。また、各学年の状況に応じて、生徒会役員や学級の役員が活躍する場を設けていくことが、全校の生徒会活動の活性化へとつながっていきます。

もう一つは、１年生の後期から２年生の前期、２年生の後期から３年生の前期をそれぞれ１年間の軸として意識して活動を考えていくという

ことです。これは「生徒会役員」という視点から１年間を考えており、生徒会役員の半期の任期が終わったときに、それを次の役員につないでいくことを考えているからです。生徒会役員は１年生後期、２年生前期、２年生後期、３年生前期と全部で４期あります。それぞれ、１年生後期、２年生前期は上の学年が中心になりますが、２年生後期、３年生前期からは自分たちの学年が中心になっていきます。１年生後期、２年生前期は上の学年の活動をフォローしていきながら、企画力や行動力、アドリブ力といった全校での活動を進めていくために必要な力を伸ばしていきます。２年生後期、３年生前期は生徒会活動の中心となり、学校の生徒会活動を牽引していきます。これまでに培ってきた力を活かしながら、大きな行事や生徒議会などを取り仕切り、全校生徒を巻き込んで、よりよい学校をめざします。この段階では学校だけでなく、地域にも目を向け、「公に強い個」としての成長を期待します。そんな生徒会役員としての集大成となる３年生前期の姿をイメージしながら、そこから逆算して活動を計画していきます。下に示す図が私の考える生徒会活動を通してめざす成長の姿になります。

＜めざす成長の姿＞

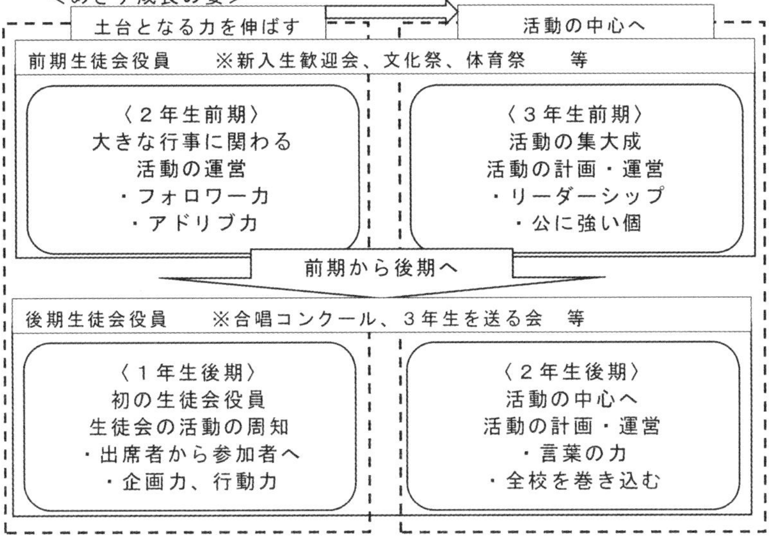

3 実践紹介

①ほめて、認めて、励まして！

３月、新たな生徒会役員が決まります。新たな生徒会役員が決まると、半期の目標を役員と一緒に考えていきます。その際、必ず生徒会規約を読むようにしています。生徒会役員になった生徒に『生徒会規約を読んだことがありますか？』と聞くと、「読んだことはありません」と答える生徒が多いです。生徒会規約は生徒会の目的や権利が書かれているため、生徒会を代表する役員と共に内容を確認していきます。そもそも生徒会とは？そして、生徒会役員とは？といった根本的な質問をしながら、その目的や意義、主旨を考えていきます。役員の生徒が新たな企画を提案してきた際には、その内容が目的に沿ったものになっているのかを確認していきます。この確認作業を生徒と一緒に繰り返していくことで、「手段」と「目的」の違いについて生徒自身が意識することができるようになっていきます。「そもそも、それは何のために行うものなのか？」ということを生徒会役員と共に考えます。困った際や悩む際には常に最上位の目的に立ち返って考えることを意識づけていきます。

前期生徒会の活動は多岐にわたり、本校では入学式の準備、新入生歓迎会に始まり、生徒議会や全校生徒集会、生徒総会、さらには文化祭・体育祭といった多くの行事や活動に携わることになります。いくつもの役割を同時並行して行っていくことも多く、生徒会担当として生徒たちのやりたいこと、時間的な制約などを総合的にマネジメントしていくことが求められます。また、１年間の成長、さらには生徒会役員としての成長を考え、どの行事や場面でどの学年に活躍の場をとるのか、そこでどのような成長を期待するのかなどのマネジメントも生徒会担当にとっての重要な役割だと実感しています。生徒会活動は全校に関わる内容が多いため、先生方の理解も欠かせません。そのため、今回の活動をどのような目的で行い、どのような成長をめざしているかを共有できるように、各学年の主任の先生方とのコミュニケーションを密にしていきました。生徒会を担当することになり、意識したことは「時間を有効に使う」

という点と、「ほめて、認めて、励ます」というスタンスです。前述したように、生徒会役員の活動は休み時間や委員会の時間が中心になります。その時間を有効活用するために、時間内に話し合わないといけないことを生徒会長から示してもらいます。その中から優先順位を決め、その日に最低限進めておくべき項目を確定します。話し合いは生徒中心に進んでいきますが、時には教員の立場から助言することもあります。「ほめて、認めて、励ます」ことはいろいろな形で行っています。文章で伝えることもあれば、直接言葉で伝えることもあります。また、『○○先生が△△とほめていたよ』と第三者話法を用いたり、生徒会担当以外の先生からほめてもらう機会を設けたりすることもあります。いろいろな形を用いながら、それぞれの頑張りやよさを価値付けていきます。また、生徒議会、全校生徒集会、各行事など、生徒会役員が携わった活動後には、ふり返りを毎回行います。各自のふり返りと共に、生徒会担当の教員からの助言を行います。これは学習指導要領に示されている学習過程（例）を基にしています。

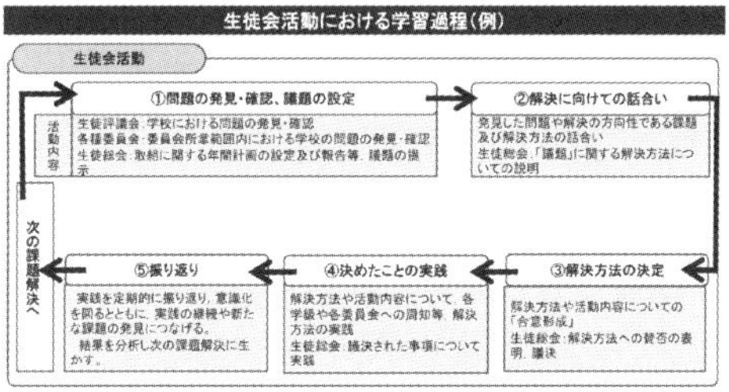

学習指導要領（平成29年告示）解説
特別活動編　より抜粋

ふり返りの時間が取れないときには、文章に起こして生徒たちに伝えることもあります。その際に意識していることは、生徒のよさを伝えること、そして次に向けての励ましの言葉を入れることです。各自のふり返りからは反省点が出てくることが多いため、その反省点から次の課題解決に向けての糸口が出てきます。

＜生徒会に出した個々のふり返り＞

＜己をふり返り、さらなる成長へ＞
・Ａさん…即興で話すことに慣れてきた！周りを見て、「周りを動かす」力をさらに！そして、全体の把握を！
・Ｂさん…行動力、企画力、発案力は◎。「やるとき」と「抜く」ときの切り替えを！
・Ｃくん…○○したいという思いが強い！どう実現させるかがポイント。早めの「報告・連絡・相談」を。
・Ｄくん…司会進行は◎。意見の取りまとめも上達した！計画の際には、「根回し」も大事！

これらの活動を話し合う生徒会室は、生徒会役員にとっての教室のような場所になります。生徒の行動を価値付けていくために、活動の様子の写真に価値語を加えたものを生徒会室に掲示し、学校を引っ張るリーダーとしての意識を高めていくことも可能です。また、生徒会室の黒板にも価値語を示すこともできます。それらをアウトプットする場として、委員会の時間の最後にほめ言葉をお互いに伝え合う場面を設定しています。これらの活動を通して、自分たちが考えた計画が現実のものとなっていくこと、全校生徒を巻き込んで活動をしていくことの積み重ねが生徒の自信となっていきます。そして、自信をもった生徒はさらに自分たちでできることを考え、主体的に活動を進めていきます。このプラスのサイクルを生み出していくことが生徒会担当の教員に求められると考えています。そして、生徒に自信をもたせ、成長を促すために菊池実践は大きな効果を発揮します。

＜プラスのサイクルイメージ図＞

５月の文化祭に向けての準備を始めていく時期が近づいてきたある日、生徒会役員のＳさんが「先生、文化祭の目的とは何ですか？」と聞いてきました。Ｓさんは「こうしたい」という思いが強く行動力もある一方、相手への伝え方が高圧的になってしまうところが課題でした。Ｓさんの話をもう少し細かく聞いていくと、彼女の思いがよりはっきりと分かってきました。彼女の思いは次の２点でした。①文化祭が一部の生徒のステージ発表で終わってしまっているような気がするから、もっと全校のみんなが参加できるものにしていきたい。②そもそもの目的とずれてしまっている気がするから、もう一度目的に立ち返って文化祭を考えていきたい。その話を聞き、まずは目的に立ち返って考えた点をほめました。ただ、文化祭の形を変えていくためにはいろいろな調整が必要なため、自分がやりたいことをどのように伝えていくかという伝え方が鍵になる

ことを伝えました。そこから、休み時間や委員会の時間を使い、何度も何度もＳさんと話し合いを行いました。時には学年主任の先生方に話を聞きに行ったり、生徒に意見を聞いたりして、何度も案を考え、形にしていきました。何度も話をしていく中で、Ｓさんの伝え方に変化が見えてきました。それまでは自分の思いを一方的に伝えることが多かったのですが、相手の話を聞き、相手の立場で（相手軸で）伝える場面が増えました。周りの先生や生徒からの話を委員会の時間のふり返りにほめ言葉として伝え、生徒会室にもＳさんの姿を写真として掲示しました。５月に新たな案の話を聞いてから２か月後、鑑賞の時間を拡大し、いろいろな教室や廊下を使用して文化作品を展示するスペースを作っていこうということになりました。９月に行われた文化祭では、生徒会役員として全校の前で堂々と話をするＳさんの姿がありました。任期の終わりには、「来年はさらに全校生徒から企画を募集して、より多くの生徒が関われる会にしていってほしい」ということを後輩に述べていました。

②全校を巻き込め！

７月、総合体育大会に向けての激励会が行われました。ここで会の中心になったのは２年生の前期生徒会役員でした。この激励会は３年生にとっての最後の大会を激励するためのものであり、その激励を２年生中心に行うことで、１０月以降に学校の生徒会活動の中心となる意識を高めていけるようにしようと考えました。それまでの本校の激励会は、【全校の前で選手が抱負を述べる➡生徒会長からの激励の言葉➡全校で校歌斉唱➡校長先生からの激励の言葉】という流れで行われていました。そこで、激励会の計画を考える段階で、２年生の生徒会役員と話し合いの場をもちました。『今の激励会について率直な意見を聞かせてほしい』と聞いたところ、「正直、激励するという会の目的とは違っているように思います」「もっと、全校で激励する場面をつくりたいです。選手が頑張ろうと思える会にしたいです」という声が挙がったことから、今回の激励会は「全校で激励する場をつくることで、選手が頑張ろうと思える会」にすることを共通の目的として決めました。すると、２年生の生徒会役員から以下の案が出てきました。①応援団を結成したい、②全校で応援歌を歌いたい、③激励のメッセージを全校から送りたいという３つでした。全校を巻き込んだ会にしたいという思いから、早速動き出した役員の生徒たちは１・２年生に呼びかけて練習を開始していきます。ただ、全校を動かす行事は初めての経験となるため、なかなか円滑に進みませんでした。連絡がうまくいかなかったり、練習の段取りが悪かったりと失敗もたくさん経験しました。練習終わりには、よかった点を伝え合い（ほめ言葉)、価値語を伝えて言葉の力を高め、次の活動へのアドバイスを繰り返していきました。初めてのことが多く、反省点も多々ありましたが、３つのことを新たに取り入れた激励会をつくり上げることができました。多くの先生からもほめ言葉をもらった２年生の生徒会役員は大きな達成感と共に、生徒会役員としての自信をつけていきました。

一人ひとりのメッセージカードを組み合わせての大文字

③「公」を意識する！

３年生となり、大きな飛躍を期待していた矢先、新型コロナウイルスの感染が拡大しました。しかし、今回のコロナ禍の中で、生徒会役員の生徒たちは今の自分たちに何ができるかを考えていました。常々、「公に強い個になる」ことや、「地域も巻き込む」ということを意識してきた生徒会だったからこそ、今の状況でできることとして、「医療従事者への募金。学校から地域への貢献活動として、地域の公園の休日清掃活動。さらに、全校で千羽鶴を折り、一羽ごとに地域の方へのメッセージを記し、地域の老人ホームや駅のホームに寄付すること」を計画しました。いち中学生であると共に、いち地域の住民であるため、地域の中で自分たちができることを考える視点は常に生徒たちに示しています。

4 ふり返り（まとめ）

生徒会役員は選挙に立候補し、当選しているからこそ、当然のことではありますが、生徒会活動に前向きであり、意欲的な生徒が中心に形成されています。だからこそ、生徒会担当の言われた通りにやることに忠実な生徒も多くいます。もちろん、時には従順であることがよいこともありますが、それだけでは「個」の大きな成長につながりません。自分たちが主体的に活動を考えていく際には、意見のぶつかり合いが必要なこともあります。その時には、その「人」と「意見」とを区別して話し合いを展開できるように、「人と意見を区別する」ことを意識させていきます。担当教員も含めて生徒との話し合いを何度も重ねていくことで、よりよいものを模索していく意識が生徒たちの中で高まっていきます。さらに、自分たちが考えたことを全校に伝え、全校を巻き込んでいきます。その際、「言葉の力」がとても大切になります。これらの経験を積み、成功体験を増やすことで、自信をつけた生徒たちはさらに自分たちで主体的に活動を進めていきます。その際に、「ほめて、認めて、励ます」ことに主軸を置く菊池実践の多くが効果的にはたらきます。ほめ言葉のシャワーや価値語の指導が今回の実践の柱でしたが、成長ノートも「個」の成長を促すことにつながります。全校生徒の前に立ち、話をすることも多い生徒会役員だからこそ、「言葉の力」は必要不可欠です。また、全校を巻き込み、職員を巻き込み、地域を巻き込む上でも、生徒に「言葉の力」を意識させることがのちのちの個の成長へとつながっていきます。自信をつけた生徒の行動力には目を見張るものがあり、今まで考えもしなかった提案が数多く出てきました。そのような全力で活動する生徒を支え、勇気づける上で、菊池実践は必要不可欠なものだと感じました。

生徒会を担当されている多くの先生が、学級の担任も兼任されていると考えられます。そのため、自分の時間をどのように使っていくのかというマネジメントも必要になります。１年生で種をまき、２年生で芽を伸ばし、３年生で開花させることを見通していき、菊池実践で生徒を伸ばすことで、生徒会活動は今まで以上の効果を発揮していきます。

第 5 章

『菊池実践』を教科外で活かす

2 ディベート

ディベートという学習ツール

愛知県公立中学校　　長谷部　浩一

1　はじめに

２０２０年。歴史に残るであろうコロナ禍の中で、対面のコミュニケーションは学校教育の中で制限されました。それをはねのけるかのようにしてディベート好きな生徒たちはオンラインでディベートマッチを行うようになりました。

愛知教育大学附属名古屋中学校の「どかつ」(土曜開催の保護者が面倒を見ている部活動) のメンバーたちが関東の中学生と試合をして勝利を手にした瞬間です。

この年、私はこのチームの保護者から依頼を受けて、中学生たちにディベートを教えてきました。主に初心者の生徒たちは私が担当し、他チームと試合をする際の戦略など専門的なアドバイスは学生時代にディベートを経験してきたボランティアの若者たちが担当しています。

生徒たちはディベートの魅力を次のように語っています。

・ディベートは回を重ねるごと、内容が分かるごとに面白くなる。
・ひとつのものごとをいろいろな観点から考えられる。
・根拠をつけて考えることができる。
・時間内に言わなくてはならないことや、みんなと一緒に考えるのが楽しい。
・ものごとを論理的に考えることができるようになった。

また、私が１０年ほど前に勤務校でディベートを教えた生徒が、自身のブログに中学生時代に行ったディベートが、仕事をするようになって役に立ってきたという話を載せています。彼は、芸術大学を出てピアニストとして活躍しているＩさん。ブログから引用します。

大人になったら活きてきた！

最近、仕事をするようになってディベートが活きてきたと思うことが増えました。

立論づくりではテーマに基づいて自分たちの主張を考えます。個人的な感想や意見では弱いので、裏付けする資料を探すことが肝心です。資料探しで気をつけることとして、基本は書籍や新聞などの出版物を使うこと。ネットの情報は鵜のみにしない。出典が信頼できるサイトのみ使う。

僕このまえ大学院で論文を書き終えたところなのですが、これまさに論文作りの基礎そのものです。

（中略）

反駁は反論であっても攻撃ではない。（中学時代の僕はバトルだと思ってました。）マナーを守った上で、しっかりと主張していく。この経験の有無は大人になって社会生活を送る上で、コミュニケーション力にかなり大きい影響を与えるのではないでしょうか。

ビジネスマンのみではなく、成長し続ける社会人には若かりし頃の経験が活きてきたようです。

2 ディベートのニーズ

(1) 話し合うことが求められる世の中

新学習指導要領が発表されてから、言われているのが「主体的・対話的」「多様な人々との協働」などではないでしょうか。

自分とは価値観の異なる人たちとも対話をしながらよりよい方向を模索することが大切だからです。

日本国内ですら価値観が多様化していると言われています。ましてや世界にはそれ以上の多様な思想や文化の異なる人たちが多くいて、話し合いによりお互いの接点を見つけていかなければならないのです。これは決して外交官の話だけではなく、私たちにも同じことが言えるのです。生活の場で「あの人とは考え方が違うから話してもムダ」などと言っているのをよく聞きます。それでは対立が深まるばかりです。みんなが幸せな世の中にするためには、自分と考え方の違う人とも話をしていかなければならないのです。

(2) 偏る考え方

A 教室では

生徒たちの居場所である教室は何でも言える場でなくてはなりません。しかし、そのためには生徒同士に温かな人間関係が育っていなければならないのです。そうではない教室で話し合いの授業を行うとどうなるのでしょうか。次のような生徒が出てきます。

① ばかにされるのではないかと心配して話さない・話せない。
② クラスの中で興味がない子の話は聞かない。
③ クラスで中心の子が言ったあとは誰も反論しない。

上記のような生徒たちが話し合い活動を形の上で行なったとしても一部の生徒の意見が表現されるだけで、全体の学びになるとは言えません。特に「反論」は内容の深い話し合いをさせたい場合には必要な対話技術ですが、反論することを許されている人間関係が育っていなかったり、対話の基本事項である「人（人格）と意見は別」だということが教えられて

いないと、反論されたことにより人格を攻撃されたと思う生徒が出てしまいます。指導する側としては注意が必要になります。

Ｂ　情報化社会の中で

世の中には多くの情報があり、多様な考えを参考に自分の考えを形成することができます。ただし、インターネット情報には「サイバーカスケード」という問題が指摘されています。総務省の令和元年度の情報通信白書では「インターネットの持つ、同じ思考や主義を持つ者同士をつなげやすいという特徴から、『集団極性化』を引き起こしやすくなる」現象だと説明されています。自分は賛否両面から情報を集めているつもりでも知らず知らずのうちに自分の興味ある側の情報が多く集まってしまうというのです。

家庭ではほぼ全員がスマホを操作し、学校では一人ずつにパソコンやタブレットが配布され、それを活用して学習することはすでに始まっています。調べ学習でインターネットを使用して情報を集めることもごく普通に行われるでしょう。しかし、生徒の集める情報は偏っている危険性があるのです。

⑶　異なる立場との対話

教室の中でも、インターネット情報でも偏った意見の中で、自分の考えを練るというのは難しいことではないかと思います。そこで、意図的に相対する２つの意見を出して議論させるコミュニケーションゲームがあります。これがディベートです。

ディベートは広義の意味では「討論」と翻訳されましたが、狭義には教室の中で行うコミュニケーションスキルのトレーニングとしてゲーム化されたものを言います。ゲームですから自分の意見とは異なることも主張しなくてはなりません。弁護士のようなゲームだと理解してください。しかし、自分の考えとは異なる主張をゲームとしていく中で、自分が避けてきた考えとの比較検討ができるようになっていきます。教室の中では誰も言わなかった（言えなかった）意見がゲームだからこそ出てくるのです。ここが「ホンネを激論」させるような活動に比べると教育的だと言えます。

なぜなら、自分の意見ではないわけですから、攻撃されても傷つく必要がありません。もし、ホンネだったら否定された段階で心が傷つく生徒も出るでしょう。異なる立場の生徒たちは互いに分かり合えるのでしょうか？しこりを残したままということはないでしょうか。学校教育の場は人間のつながりをつくる場であって、人間関係の分断・対立をさせる場ではありません。そういう意味ではディベートは安全に、異なる立場の意見が議論できる活動だと言えます。

3 ディベート指導の実際

(1) 教室ディベート　ディベートの条件

ゲームとしてのディベートにはどんな要素が必要なのか、確認しておきたいと思います。

① ディベートは異なる２つの立場で議論します。ある論題について賛成・反対を問うものが分かりやすいです。
② ２つの立場は機械的に決めます。じゃんけんやくじで決めます。２つの立場とも経験することが望ましいです。
③ ２つの立場に与えられた時間はそれぞれ平等にします。
④ 勝敗はジャッジが決めます。双方で戦い合うのではなくジャッジを説得するゲームです。
⑤ 立論（賛成・反対双方の理由）、質疑（議論をかみあわせるために行います）、反論（反ばく）の３つのパートから成り立ちます。特に反論（反ばく）が重要です。

①から⑤の条件を満たしているものを「ディベート」と呼ぶことにしましょう。

あとは各学級ごとにルールをつくればよいでしょう（何人で行うか、教え合ってもいいか、図などを見せてもいいかなど）。

(2) ディベート指導

ディベートの指導は体育の授業でサッカーなどスポーツを教えることに似ています。

例えばサッカーの場合、小学校低学年であればボールを蹴って的に当てることをして楽しむという目標で取り組みます。しかし、高学年になると少ない人数でミニサッカーを行い、中学生になるとパスワークを指導してサッカーというスポーツを楽しむことを目的に活動します。小学校低学年から毎年のように取り組んできた生徒と中学生になって突然行うのとでは動きに差があるのは当然です。

ディベートも基礎的なコミュニケーションスキルを身につけてから、行うのと、ディベートだけを行うのとでは議論の仕方も異なれば、深まり方も異なります。

トピック的にどこかの単元にディベートを入れてもそれなりには学ぶことはあります。しかし、年間計画の中にコミュニケーションスキルのトレーニングも含めて位置づけて指導すれば、より効果的な議論ができると思われます。

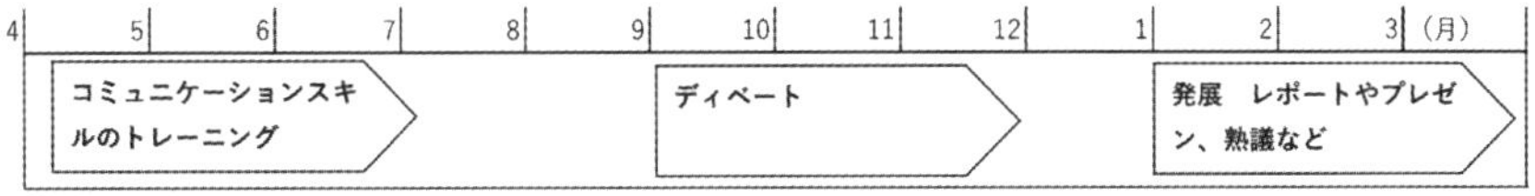

ディベートを核としたコミュニケーションスキルの指導　年間計画イメージ図

A　コミュニケーションスキルのトレーニング

ディベートには、

①理由をつけて話す技術
②自分の意見ではなく立場で話す技術
③相手の話を聞いて質問する技術
④相手の話に対して反論する技術

が必要です。ディベートをしていく中で徐々に身につけていくという考え方もあるのでしょうが、１、２回ディベートを授業で取り組んだだけではなかなか身にはつかないものです。また、ディベートを取り入れても論題が生徒の生活からかけ離れていると何も言えないまま終わってしまう可能性があります。

そこで、ディベートの指導にいくまで、準備運動的に各技術のトレーニングをすることを提案します。幸い短時間で取り組めるコミュニケーションゲームになっているものです。こまめに隙間時間を利用してじっくりと取り組んでいくと、温かい雰囲気も出て学級づくりにも役立つのではないかと思います。私は講座のアイスブレーキングで使いますが、緊張が解けて笑いが起こり、和やかな雰囲気になります。

① 問答ゲーム　※つくば言語技術教育研究所の三森ゆりか氏の実践

Ⅰ「あなたは○○が好きですか？」「はい・いいえ＋理由」

・慣れてきたら、自分の好みではなく立場を教師が決めて答えさせるといいトレーニングになります。

Ⅱ「あなたは○○のときＡとＢとではどちらを選びますか？」

Ⅲ「あなたは○○という考えに賛成ですか、反対ですか？」

※コミュニケーションスキルが段階を追って上がるようになっている。

② コミュニケーションゲーム　※菊池先生とNPO法人グラスルーツの実践

※それぞれの技能を高めるためのミニゲームが詰まっている。

・３０秒スピーチ　石で考える・火で考える

・チャップリントーク（スピーチ力・説明力・即興力）

・理由づけ字数制限スピーチ・Why because ゲーム（理由づけ力）

・トップセールスマンを目指せ…セールストーク（説得力）

・好きなもの１０個聞き出そう！・よってたかって質問ゲーム（質問力）

・でもでもボクシング・その意見、ちょっと待った（反論力）など

B　ディベート指導の具体例

①ディベートについてのイメージわかせ

ディベートを授業で行う場合、準備時間を含めて、5、6時間は必要です。

はじめにディベートとはどんなものかモデルを示します。動画を見せてもいいし、シナリオ式でシナリオを読むことでディベートについてイメージをわかせる方法もあります。好きなときにストップがかけられて随時説明ができることから私がディベート指導する際にはこの方法をよく使います。

②論題についてのリンクマップ作り

この論題からどんなメリットやデメリットなどの話題が出てくるかを関連（リンク）させながらマップにまとめたものです。

これを行うことでどんなことを立論にするのか、考えやすくなります。リンクマップは教師が生徒から話を聞きながら黒板にまとめていきます。その際、どうしてそのような話になるのか理由を聞くことで今後の議論に活きてきます。

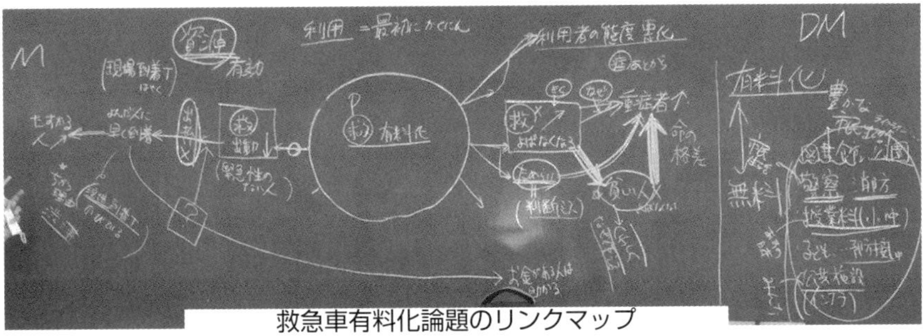

救急車有料化論題のリンクマップ

③リサーチ

立論や反論では、根拠を伴って話をさせます。その根拠は【理由＋事例・データ】で表現するため説得力が出てきます。（三角ロジック、またはAREAと言われている）その事例やデータを調べて探すのです。
また、調べていくことでリンクマップでは考えていなかった話題に出会うこともあります。

リサーチは新聞・書籍の他、インターネットが手軽なのですが、情報の信憑性が薄いことやどこを抜き出して利用すればいいのか分からないことがあります。授業で時間を有効に使うのなら、教師があらかじめ資料を用意しておいて、それを使うという方法もあります。

④ワークシートに記入

立論は、なぜ論題に賛成（反対）するのか、理由を述べるパートですが、ワークシートがあると立論が作りやすくなります。反論も同様にワークシートを作って書き込ませることで形が整いやすくなります。反論は相手が言ってきそうなことを予想させてどこに問題があるのか指摘させます。

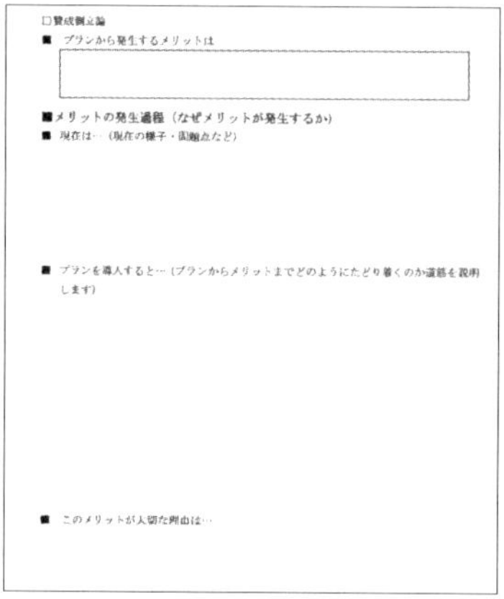
□賛成側立論
■ プランから発生するメリットは
■メリットの発生過程（なぜメリットが発生するか）
■ 現在は…（現在の様子・問題点など）
■ プランを導入すると…（プランからメリットまでどのようにたどり着くのか道筋を説明します）
■ このメリットが大切な理由は…

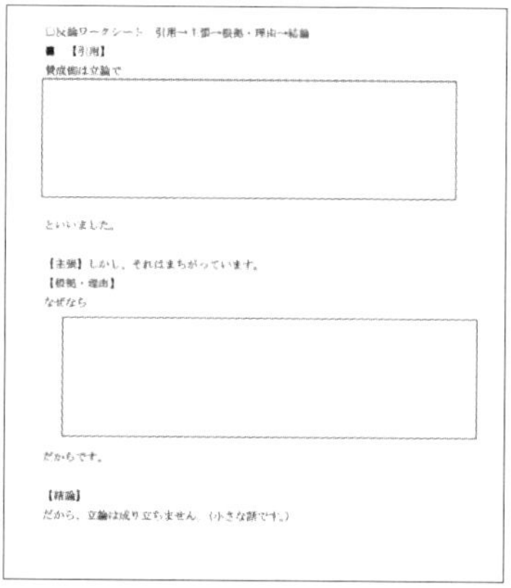
□反論ワークシート　引用→主張→根拠・理由→結論
■ 【引用】
賛成側は立論で
といいました。
【主張】しかし、それはまちがっています。
【根拠・理由】
なぜなら
だからです。
【結論】
だから、立論は成り立ちません。（小さな論です。）

⑤ディベートマッチ　フォーマット例

試合の形式は様々あるので、各教室の実態に合わせたもので構いません。ここではよくある例を示します。

ディベートフォーマット例
○ 論題
「日本は救急車の利用を有料化するべきである。是か非か。」
・賛成側 立論 2分
・反対側 質疑 2分
・反対側 立論 2分
・賛成側 質疑 2分
・反対側 反論 2分
・賛成側 反論 2分
（・反対側まとめ）2分
（・賛成側まとめ）2分
※ 各パートの間に準備時間（作戦タイム）を設けます。1分から2分程度ですが、時間を多く取るとチーム内で考えることができます。
※ 質疑の時間は質疑応答だけさせます。ここで反論したくなる人がいるので、これは指導します。
※ 反論の後に「まとめスピーチ」をさせる場合があります。なくてもディベートにはなります。

⑥ジャッジはメモを取って聞く

ディベートマッチの準備ができたら、ジャッジの指導をします。

ジャッジはただ聞くだけでなく、メモをしながら聞くことを指導します。そうすることで積極的に「聞く」ことができるようになります。自分のメモを見て双方の言い分が正しいか、説得力があるかを検討させます。

さらに、そこには論題に対しての自分の考えを入れないようにしなければなりません。自分の考えを入れてしまったら公正な審判にはならないからです。

⑦ディベートマッチ（試合）

ここまできたら試合をしてみます。試合をする中で、より効果的な表現や証拠資料を入れて作り替えていきます。

立論を使って、試合をしている部分を一部再現してみます。ただ使用されているデータは実際のものではありません。

論題は「日本は救急車の利用を有料化するべきである、是か非か」

１　賛成側立論

有料化のプランとして、救急車１回の利用につき２．５万円を請求します。

そのことで発生するメリットは「緊急患者の救命」です。

緊急患者とは、１分１秒を争う、救急車でしか助からない人です。無料で利用できる現在は気軽に救急車が呼べます。そのため多くの人が利用しています。平成２９年の場合、年間約５７０万人が利用しています。しかし、半数は軽症者で、そのために消防署の救急車が出払ってしまうことが起きています。そんなとき、Ｙ市では救急車がないために緊急患者を救えない事例が発生しました。**【事例】**

救急車を有料化することで救急車利用者の半数である軽症者は利用せず、出払いもなくなります。いつでも緊急患者のために救急車を使えることは重要なことです。

2　反対側質疑

Q　救急車がすべて出払ったと言いましたが、そんなことは珍しい事例なのではないですか？

A　Y市では年間2000件ほどこのようなことがあると資料にあります。

Q　救急車が出払ってしまったら消防署は何もしないのですか？

A　いいえ、他地区から応援に来てもらったようですが現場まで15分かかったそうで、その間に亡くなってしまったようです。

（以下略）

3　反対側立論

賛成側のプランを実施すると起こるデメリットを言います。

デメリットは「治療の遅れ」です。現在は無料なので、もしかしたら重症かも知れないと思ったら迷わず救急車を呼んで病院に行きます。例えば熱中症やハチに刺されたことなど、病院に行って治療を行った結果、その日のうちに帰れるので「軽症」と扱われます。しかし、それは結果であって、救急車を呼ぶ人はみんな「緊急患者」なのです。

ところが、救急車一回につき２．５万円もかかったら、救急車を呼ばなくてもちょっと様子を見て重症化してから病院に行こうと考えて、救急車は呼びません。Y市立大学病院の医師がアンケート結果から２万円を越える場合、軽症者は救急車を呼ばないという研究結果を出しています。【事例】そのことから救急車をすぐには呼ばず様子を見ている間に重症化してしまうのです。そして、最悪の場合手遅れで死亡するケースも出てきます。

4　賛成側質疑

Q　軽症者は救急車を呼ばないということは、私たちも言いましたが、反対側の意見としては、そのあと様子を見てしまうのですね？なぜですか？

A　救急車は利用料が高いので、重症ではなさそうだと思ったら様子を見るのは普通のことです。

Q　救急車は呼ばなくても、タクシーで病院に連れていくとは考えられませんか？

A　タクシーはお金がかかるので利用しません。それに様子を見ているうちに回復するかも知れないと楽天的に考える人が多くいるような気がします。

（以下略）

5　反対側反論

反対側も賛成側も有料化したら軽症者は救急車を呼ばなくなることは同じです。

そのことで賛成側の人が言う、救急車の出払いは起こらなくなるのでしょうか。賛成側は、救急車利用者の半数の人たちが利用しなくなることで出払いは起こらなくなると言いました。しかし、その理由が分かりません。救急車の利用が半分になれば、出払いもそれに比例して半分になるのではないでしょうか。このプランでは完全な問題解決にはなりません。

6　賛成側反論

まず反対側の立論に反論します。反対側は、軽症者は救急車を呼ばなくなると言っていますが、その後様子見をすると言っています。それは急いで治療しなくても大丈夫だと判断するからで、実際には、救急車の代わりに救急車よりは安いタクシーや自家用車で病院に連れていきます。だから重症化も手遅れになることもありません。これは救急車利用を有料化しているアメリカなどでも見られることですから日本でもそうなります。

反対側反論に反論します。有料化プランが救急車出払い対策の完全な問題解決にならないと言いましたが出払いが減ることは認めています。救急車利用者は高齢化に伴いますます増えていくので少しでも減らすことは意味があります。

生徒は救急車の有料化と聞いて、「そんなことをしたら救急車が利用できなくなる」と不思議そうな感じです。しかし、調べていくと救急車を無料で利用できる国は世界の中では少数派だという事実を知ることになります。また、救急車を呼ぶ人が多くなり、出払いが当たり前のように起きていることにもびっくりします。

そのうちにある生徒が「なんで救急車は無料なんだろう？」と素朴な疑問をつぶやきます。そこで、日本の国で無料で提供されているものを考えていきました。

その結果、日本の場合は、「救命活動は国籍もお金の有無も問わず、無料で行う」国であると分かってくるのです。しかし、そのことが無料であるために持続可能な国民へのサービスにならないことも事実を挙げながら分かってきます。限られた資源をどのように利用するのが「公平・公正」なのか、まさしく正解はありません。その正解がないことに対して自分なりに答を出さなくてはならない時代になっているのです。ディベートはそのトレーニングになっていることが分かります。

4 おわりに

冒頭に紹介した愛知教育大学付属名古屋中学校のディベートメンバーがディベートとその講座に対して感想を話してくれました。

◆ディベート講座で印象に残っていること

セールスバトル／参加メンバーのよいところを言い合った／相手でなく、ジャッジに伝える／最終的に天秤にかける（肯定と否定を）／質疑では相手の主張の確認をしましょう／応答が得られたら、「なぜ」と確認しましょう／ペンを手に持って聞く（置いておくと書き始めるのが遅くなる）

毎回、生徒たちの講座に参加してくれる保護者の方が、この何か月かで子どもたちが多くのことを吸収していることに感激されていました。

ディベートは単なるコミュニケーションスキルのトレーニング用のゲームです。しかし、これからの世の中を渡っていく子どもたちには必要なスキルだと思っています。

瀧本哲史氏が京都大学の学生に言った次の言葉で締めます。

ディベートとは、客観的に決断するための思考法だと言える

〈参考図書〉

・『論理的に考える力を引き出す』三森ゆりか（一声社）
・『「話し合い力」を育てるコミュニケーションゲーム６２』菊池省三・池亀葉子・NPO法人グラスルーツ篇（中村堂）
・『個の確立した集団を育てる　学級ディベート』菊池省三・菊池道場（中村堂）
・『武器としての決断思考』瀧本哲史（星海社）

おわりに

2021年1月10日、菊池道場は「第8回菊池道場全国大会」を東京で開催いたしました。

2020年7月末に開催を予定していた大会ですが、コロナ禍の影響で延期せざるを得ませんでした。そして、再設定した1月10日ですが、2度めとなる緊急事態宣言が開催日直前の1月8日に発出され、直前まで行うべきかどうか悩みました。使用する会場は、夕方までは平常通り使用でき、換気も十分にされるという構造であったこと、そして何よりも道場メンバーの後押しもあって、開催することに決めました。

当日の会場参加者は右の写真の通りですが、オンラインで動画配信し、全国の仲間250名以上が集結しての全国大会になりました。

当日、実践発表を3人の方にしていただきました。山梨で酒屋さんを営む山梨支部長の依田順子さん。そして、福島県の認可保育園で保育士をされている星理恵さん。最後に東京で小学校の教員をされている東京支部長の丹野裕基さんです。

「第1回ほめ言葉のシャワー全国大会」での実践報告は、小学校の先生たちだけでした。その後もしばらくは同じでした。

全国の道場メンバーの取り組みによって、様々な地域、様々な場所で菊池実践が行われるようになり、着実に広がり、大きな成果を収めています。そのことが、全国大会の場での実践報告が異なる立場の方々によって行われるという形が実現し、参加メンバーに感動をもたらしていただきました。

北九州という地方の一小学校の教員による教室での取り組みが、「全国ネット菊池道場」としてスタートさせたちのち5年半ほどの時間の中で、このような形で広がっているという事実を、本当に嬉しく思います。

この1冊は、そうした広がりの一つの象徴であり、事実の結晶でもあります。中学校での実践は教科の専門性ということも考えると、今後さらに進化・深化していくのではないかと期待しています。

おわりに

昨年、今後のさらなる菊池道場の発展ため、道場の本部事務局体制を拡充しました。これまで軸となっていた「小学校部門」の中に、東日本、西日本の責任者を設けました。「中学校部門」の責任者を新しく設けました。さらに、「管理職・委員会部門」「幼保部門」「成人部門」も設置しました。今後は、それぞれの責任者の方々が、それぞれの特性に合った運動を展開してくださるものと期待しています。

そしてその先に、組織のＮＰＯ法人化、コミュニケーション科設立の運動の展開を考えています。

そんな夢の第一歩となる中学校での実践本がこのような形でまとまったことは、これからの大きな前進の第一歩だと考えています。執筆・鼎談に携わっていただいた14人の先生方に改めて御礼申し上げます。これからも実践を重ねていただき、新たな中学校像をご提案いただきたいと思います。また今回も、中村堂の中村宏隆社長には企画から編集までの労を取っていただきました。

コロナ禍の収束はなかなか見えてきません。ただ、この状況を何かができない理由として使うのではなく、こんな時だからこその創意工夫によって、これまでにない全く新しいコミュニケーション豊かな教育を創り上げることができると私は確信しています。そして、その実現に向け最大限の力を尽くしていこうと決意しています。

2021年1月11日　菊池道場　道場長　菊池省三

●著者紹介……………………………………………………………………………………

菊池省三（きくち・しょうぞう）

1959年愛媛県生まれ。「菊池道場」道場長。元福岡県北九州市公立小学校教諭。山口大学教育学部卒業。文部科学省の「『熟議』に基づく教育政策形成の在り方に関する懇談会」委員。2020年度（令和2年度）高知県いの町教育特使、大分県中津市教育スーパーアドバイザー、三重県松阪市学級経営マイスター、岡山県浅口市学級経営アドバイザー　等。
著書は、「子どもたちが生き生きと輝く 対話・話し合いの授業づくり」「教室の中の困ったを安心に変える102のポイント」、「作文で読む菊池学級の子どもたち」（以上　中村堂）など多数。

【第2章】　久保山崇（岡山県浅口市教育委員会）
　森園敬一（大分県中津市立深水小学校）
【第3章鼎談】　山本成利（山梨県中央市立田富中学校）
　松田一郎（兵庫県西脇市立西脇中学校）
【第3章】　河内琢爾（元広島市公立中学校）
【第4章】　河内伯子（広島県広島市立大塚中学校）
　小牟田ゆう（宮崎県高鍋町立高鍋西中学校）
　比嘉佑樹（沖縄県西原町立西原東中学校）
　近藤史親（愛知県幸田町立幸田小学校）
　肘井千佳（福岡県北九州市立黒崎中学校）
　鷲見俊介（大阪・追手門学院大手前中学校）
　岩田慶子（兵庫県神戸市立多聞東中学校）
【第5章】　加藤拓（愛知県公立中学校）
　長谷部浩一（愛知県公立中学校）

※以上、2021年1月1日現在

『菊池実践』で創る令和時代の
コミュニケーション力あふれる中学校

2021年3月1日　第1刷発行

著　／菊池省二　菊池道場
発行者／中村宏隆
発行所／株式会社　中村堂
〒104-0043　東京都中央区湊3-11-7
湊92ビル4F
Tel.03-5244-9939　Fax.03-5244-9938
ホームページURL　http://www.nakadoh.com

カバー・表紙イラスト／bonbon
編集・印刷・製本／株式会社丸井工文社

ISBN978-4-907571-72-6